AF463688

LA DÉMOCRATIE

ÉTUDES

PHILOSOPHIQUES, ÉCONOMIQUES, POLITIQUES
ET ARTISTIQUES

Par ALIX SAUZEAU

Liberté, Égalité.
Tout par la Science.

TOME PREMIER

POITIERS
Librairie P. BLANCHIER, Éditeur
25, RUE SAINT-PORCHAIRE, 25

1881

AVIS

La publication commencée par ce premier volume sera continuée périodiquement. Tous les mois, il paraîtra successivement un nouveau volume.

Au choix du public, chaque volume pourra être pris séparément, ou bien on souscrira à la totalité pour chaque année.

Les volumes pris à part sont cotés 1 fr. 25; par souscription pour toute l'année, c'est-à-dire à 12 volumes, ils ne seront cotés qu'à 12 fr., par conséquent à 1 fr. chacun.

Dans chaque publication se trouvera la liste des chapitres que contiendra la publication suivante.

LA DÉMOCRATIE

PUBLICATION PÉRIODIQUE

Un volume par mois.

OUVRAGES DU MÊME AUTEUR

Les Paysans, ou la Politique et l'Agriculture,	1 vol.
Recueil des Usages locaux dans les Deux-Sèvres,	1 vol.
L'Agriculture du Poitou,	1 vol.
La Question chevaline,	1 vol.
L'Almanach du Défricheur de landes,	1 vol.
Rapports au Congrès central d'agriculture,	1 vol.
La Campine (Belgique), ou les Bruyères et les Landes,	1 vol.
A, B, C démocratique,	1 vol.
Le Paysan des Deux-Sèvres (journal).	
Manuel des Docks, des Warrants et des Ventes publiques, 2e édition,	1 vol.

Pour paraître incessamment :

Excursions et Chasses aux États-Unis d'Amérique,	1 vol.
La Démocratie : Études philosophiques, économiques, politiques et artistiques,	plusieurs volumes.

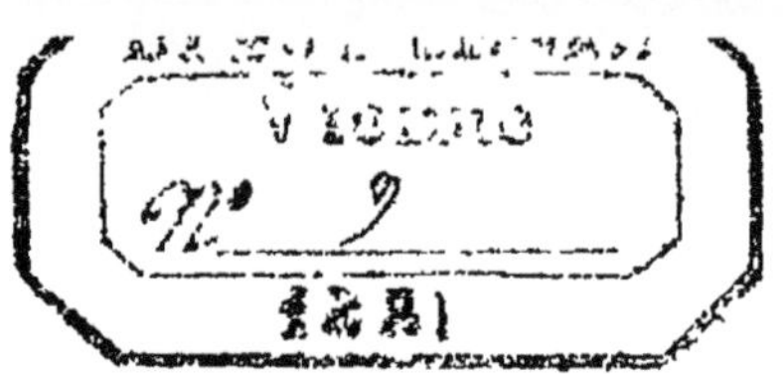

LA DÉMOCRATIE

ÉTUDES

PHILOSOPHIQUES, ÉCONOMIQUES, POLITIQUES ET ARTISTIQUES

Par Alix SAUZEAU

Liberté, Égalité.
Tout par la Science.

TOME PREMIER

POITIERS
Librairie P. BLANCHIER, Éditeur
25, RUE SAINT-PORCHAIRE, 25

1881

AVANT-PROPOS

Nous avons, en 1851, publié un petit ouvrage intitulé : A, B, C démocratique : c'était l'école primaire.

Pendant tout l'Empire et depuis, nous avons passé en revue et étudié, pour notre instruction personnelle, toutes les questions sociales qui se sont présentées, ainsi que tous les sujets qui nous ont paru avoir quelque importance. Les études que nous avons faites contiennent beaucoup d'éléments pour l'école secondaire. C'est à ce titre et dans ce but que nous les publions aujourd'hui, laissant aux grands maîtres et aux hommes supérieurs dans la science à fournir au public les matériaux d'une école supérieure.

Nous n'avons pas pris la précaution de dater nos articles, au fur et à mesure que nous les écrivions ; nous le regrettons aujourd'hui que nous trouvons tous ces articles

*

confondus ensemble et entassés pêle-mêle; mais nous comptons beaucoup sur la sagacité des lecteurs pour assigner à chaque article la date de sa rédaction et tenir compte des situations différentes, qui, pourtant, n'ont pas été assez puissantes pour enlever, à la plupart de nos articles, leur caractère d'actualité qu'ils ont conservé quand même.

Ce n'est donc point un ouvrage méthodique et tout d'une haleine que nous livrons à la publicité; c'est un recueil d'articles variés, absolument comme un journal quotidien, où des sujets différents sont accolés les uns aux autres. L'ensemble et le rapprochement des études variées sur divers sujets n'en forment pas moins un corps de doctrines qui, toutes, convergent à un but unique, et aboutissent, en définitive, à une conclusion commune.

C'est une collection d'articles de journaux inédits. C'est comme une revue, où un chapitre d'histoire coudoie un chapitre d'économie politique et un chapitre de haute philosophie, flanqués de chapitres des beaux-arts et de nouvelles romantiques.

Plusieurs chapitres sont peut-être incomplets, soit qu'ils n'aient pas été terminés, soit que des feuillets en aient été égarés. Nous les publions cependant tels quels, en raison des aperçus qu'ils peuvent contenir et dont le lecteur peut lui même facilement tirer la conclusion.

Il aurait peut-être fallu faire des corrections, opérer des changements et approprier chaque article aux circonstances présentes. Mais nous ne savons pas corriger, ni changer notre rédaction. Nous pouvons bien écrire cent, deux cents et plus de pages, sans une seule rature et une seule correction ; mais nous ne nous sentons pas capable de corriger et changer la rédaction telle qu'elle s'est échappée de notre plume. Et, d'un autre côté, comme nous nous proposons de ne publier que les chapitres auxquels nous attachons quelque importance actuelle, nous croyons superflu de les tronquer et de leur enlever leur cachet natif, qui a bien aussi et encore aujourd'hui son utilité. Des corrections, d'ailleurs, leur auraient fait perdre leur cachet originel, sans leur donner un plus grand caractère d'actualité.

Q. — Qui sommes-nous ?

R. — « Désintéressé de toutes choses,
» sans aucune espèce d'ambition person-
» nelle, content de vivre en travaillant, je
» me crois placé dans un poste d'obser-
» vation et dans les meilleures conditions
» d'impartialité. Sans parti pris, n'atten-
» dant rien de qui que ce soit, je me borne
» à observer et à juger les choses sans
» trop de préoccupation pour les personnes.
» Je cherche consciencieusement la vérité
» et la science. Je n'ai jamais voulu con-
» sentir à m'enrégimenter ni dans aucun
» parti, ni dans aucune secte. La plus
» complète indépendance a toujours été la
» base et la règle de ma conduite, de mes
» actes et de mes écrits. Je crois à la né-
» cessité de réformes sociales ; mais je
» rejette toutes les sectes socialistes qui
» forment des partis, et cela par la raison
» bien simple, mais déterminante, que la
» République ne doit être d'aucun parti,
» ni le parti de quelques-uns, mais bien le
» parti de tout le monde sans exception ni
» réserve.

» Sans rancune dans nos souvenirs, ce
» n'est pas par esprit de parti que nous

» avons toujours été républicain ; c'est par » esprit d'ordre et de justice. Aussi répu- » dions-nous autant le parti républicain que » nous qualifions d'autoritaire, que tous les » partis monarchiques, et avons-nous toute » notre vie évité tous les partis et toutes » les sectes. »

C'était sous l'empire... Impossible, par conséquent, de penser à écrire dans aucun journal, et encore moins à publier livres ou brochures sur aucun sujet politique; mais, plein d'espoir dans l'avenir, et confiant dans la chute imminente de l'empire qui ne pouvait que s'effondrer tôt ou tard, nous nous convainquîmes de la nécessité de confier au papier tous les travaux et les matériaux susceptibles de jeter un peu de lumière dans le débat des graves questions politiques et sociales qui surgissaient chaque jour.

Nous nous avouons incapable de faire un choix parmi la masse d'écrits que nous possédons. Aussi, nous bornons-nous à y puiser au hasard la quantité nécessaire pour former un volume. Si notre publication est goûtée par le public, après ce premier volume, nous en formerons un ou plusieurs autres à la suite, pêle-mêle et variés, suivant l'avis du public, ou composés chacun d'une seule matière, l'un d'études philosophiques, un autre d'études politiques, ou économiques, ou artistiques.

Plusieurs chapitres ont été écrits sous l'empire. Pour les publier aujourd'hui, il eût peut-être fallu, ainsi que nous l'avons déjà dit, les retoucher en tout ou en partie. Mais c'est là une œuvre au-dessus de nos forces, à nous qui nous sentons incapable de corriger ou de redresser une phrase quelconque, quand une fois elle a été écrite. D'ailleurs, comme ces chapitres traitent tous des questions qui sont restées toujours pendantes et non encore résolues, il n'y aurait réellement lieu à les corriger que si l'on doutait de la sagacité du lecteur pour apprécier de suite à quelle époque ils ont été écrits, et pour mettre chaque chose à sa place. Nous ne mettrons donc aucun signe pour indiquer aucunes époques, qui s'indiquent elles-mêmes. Le fonds étant toujours actuel, qu'importe la forme et le moment où il a été traité et examiné.

Dans les bureaux financiers, on n'a ni le temps, ni la facilité de lire; mais, en revanche, on trouve toujours quelques instants et l'on a toute facilité pour écrire. Nous avons donc peu lu depuis vingt ans ; mais nous n'avons guère passé de jours sans écrire quelques pages, ou tout au moins quelques lignes.

Il ne fallait pas être grand devin pour prévoir que tôt ou tard l'empire s'écroulerait et ferait nécessairement place à la République. Tout en constatant les fautes et les erreurs de la dictature impériale, il fallait surtout porter ses vues sur les institutions républicaines, les étudier profondément et les dégager de toute espèce d'empirisme et d'arbitraire. Tous les problèmes sociaux qui se posaient, il fallait en chercher la solution, sans parti pris, sans passion, comme sans réticence, mais consciencieusement et scientifiquement. Chaque sujet devenait ainsi matière à travail sérieux. Nous nous sommes livré entièrement à ce travail, à ces études, avant tout pour notre instruction personnelle, mais, en cas de besoin, pour servir, dans l'occasion, à l'instruction de nos concitoyens.

On comprend sans peine que, sous l'empire, il n'était aucunement opportun de tenter une publication de ce genre. On comprend également qu'elle aurait été sans efficacité sous la république monarchique qui a été le gouvernement de la France depuis février 1871, au milieu des préoccupations de la France au sujet des suites d'une guerre désastreuse; mais qu'aujourd'hui, où la République est devenue le gouvernement normal de la France, et a fait justice de toutes les prétentions monarchiques qui l'assiégeaient, il est temps de s'occuper des institutions républicaines.

Quelque disparates et étrangers les uns aux autres que paraissent ces chapitres divers que nous offrons au public, on remarquera qu'ils n'en forment pas moins un corps de doctrine et aboutissent tous à cette conclusion générale et supérieure, que les principes de 89 fournissent à eux seuls la solution de toutes les questions philosophiques, économiques et politiques.

Poitiers, le 1er janvier 1881.

ALIX SAUZEAU,

Avocat.

LA DÉMOCRATIE

ÉTUDES

CHAPITRE PREMIER.

§ 1er. — *De la Démocratie.*

L'avènement de la démocratie, tel est le principe qu'a posé la Révolution de 89, et dont la réalisation est poursuivie depuis lors, mais qui est bien loin d'être opérée complètement.

Les ultra-conservateurs, qui ont un intérêt personnel et égoïste à empêcher cet avènement, s'efforcent de faire un épouvantail de la démocratie et la représentent comme un fléau dévastateur, et comme incapable de rien produire de bien.

Il est bon d'être fixé à cet égard et de s'expliquer, une fois pour toutes, sur ce qu'est et doit être la démocratie.

La démocratie n'est pas la mise en œuvre d'un système, d'une combinaison, de plans imaginaires, fantastiques et arbitraires, que le sens commun repousserait avec raison, et que doit rejeter une nation sage et prudente. La présenter sous cet aspect, pour retarder son avènement, peut être très-adroit de la part des intéressés, mais est faux et mensonger.

La démocratie ne crée rien directement et n'a rien à créer. Toutes les utopies ou qu'on lui prête ou qui sont enfantées sous son nom, son intérêt comme son devoir est de les rejeter impitoyablement, car elles ne peuvent être que le replâtrage ou la répétition, sous d'autres formes, des institutions qui lui font précisément obstacle en ce moment, ou le lui ont fait dans le passé.

La démocratie n'est pas à proprement parler une affirmation, elle est plutôt une négation, la négation des lois d'inégalité et antilibérales, qui empêchent son développement normal et régulier. Elle n'est une affirmation que, comme en comptabilité, il ne peut pas y avoir de créditeur sans débiteur, de même la négation a toujours pour corollaire une affirmation. La démocratie nie la féodalité, l'inégalité, la dépendance oppressive, par ce seul fait elle affirme, c'est évident, l'égalité et la liberté.

Le reproche qu'on lui adresse astucieusement, de ne savoir rien fonder, est donc tout à la fois inexact et sans conséquence dangereuse. Point n'est besoin pour elle de tout bouleverser et de tout changer avec plus ou moins de violence ; son œuvre est grande sans doute, mais elle est toute pacifique et peut s'accomplir dans le plus grand calme. Elle consiste tout uniment à réviser successivement toute la législation et à en éliminer tout ce qui est en contradiction avec les principes de 89, qui doivent être pris pour point de repère et terme de comparaison. Toute disposition de loi entachée du vice de violation des droits de l'égalité et de la liberté de chacun des citoyens doit être écartée. Cela fait, la démocratie n'a plus rien à demander. Son avènement est consacré sans trouble et sans révolution violente.

Les principes de 89 sont la base de la constitution de la France. Leur effet est l'avènement de la démocratie, effet en partie déjà produit, mais auquel il reste encore beaucoup à faire pour son installation définitive.

Qu'est-ce donc que la démocratie? Il importe, pour éviter les confusions et les malentendus, de se fixer sur la valeur tant du mot que de la chose qu'il représente.

Grammaticalement, démocratie veut dire pouvoir de tous. Qui dit pouvoir de tous dit évidemment pouvoir de personne. Tous les hommes étant égaux et indépendants les uns des autres, il est évident qu'aucun d'eux n'a de pouvoir sur les autres.

C'est ce qui explique les échecs que ne manquent jamais de subir les tentatives faites par ceux qui, interprétant mal le sens du mot démocratie, veulent, à toute force, en faire le pouvoir de la multitude, des masses, du plus grand nombre, par opposition au pouvoir ou d'un seul, ou de l'aristocratie nobiliaire, ou de l'aristocratie bourgeoise. Ces tentatives échouent et échoueront toujours par la raison que, pouvoir pour pouvoir, on préférera toujours celui exercé par l'intelligence à celui mis entre les mains de l'ignorance et de l'incapacité.

Le démocrate n'est donc pas l'homme qui veut gouverner. Démocrate et gouvernant, c'est contradictoire. Le démocrate est l'homme qui vit de son propre travail et ne veut ni vivre du travail d'autrui ni travailler pour les autres. Voilà le seul et le vrai programme de la démocratie et qui n'est qu'une déduction logique tout à la fois et des principes de 89 et des lois morales et économiques qui doivent régir les relations des hommes entre eux.

En théorie, ce programme défie la contradiction et est inattaquable au point de vue du droit, de la justice et de l'ordre social, et cependant, dans la réalisation, il rencontre bien des obstacles et des empêchements. Adversaire de la féodalité, il se heurte à chaque instant contre des filets et des pièges féodaux qui tiennent la société tout entière en balance entre le régime féodal et le régime démocratique.

Nous appelons féodalité, la force et le fait par lesquels il arrive que des hommes exercent sur d'autres, et à leur préjudice, des prélèvements considérables, et par opposition à démocratie qui est le droit d'empêcher ces prélèvements injustes, quand même ils seraient consacrés par la loi et les institutions du pays.

On comprend jusqu'à un certain point que les hommes qui n'ont jamais vécu de leur propre travail, qui se sont enrichis du travail d'autrui, voient avec chagrin l'avènement de la démocratie : la féodalité terrienne n'a pas vu sans regret l'abolition des droits féodaux, qu'elle a cherché longtemps à faire considérer comme une spoliation dont on la rendait victime. Mais il ne s'agit pas ici de goût, d'aspirations, de désirs personnels, il s'agit de justice et d'ordre social devant lesquels doivent s'incliner toutes autres considérations.

Du reste, qu'on le veuille ou qu'on ne le veuille pas, que l'on résiste ou que l'on ne résiste pas, l'œuvre de la démocratie s'accomplira ; elle s'accomplit tous les jours et brise peu à peu toutes les résistances ; la proclamation de son principe a suffi pour en faire un courant, une force qui surmonteront tous les obstacles.

Aveugle qui ne voit pas l'envahissement de la démocratie en toute chose. La propriété territoriale en grande partie est aux mains des cultivateurs, qui la posséderont bientôt tout entière. Quand tous les cultivateurs possèdent la terre, que devient le reste de féodalité qui lui est encore attaché et contre qui pourrait-il s'exercer ? Le travail, l'industrie, le commerce, sont l'apanage de tous les citoyens sans exception, du moins en principe. Il n'y a plus qu'un pas à faire pour que ces grands ressorts de la prospérité générale soient entièrement démocratisés. Les costumes qui distinguent les hommes et les rangs deviennent chaque jour de plus en plus uniformes à l'aspect extérieur. Dans cette foule, où est le paysan, où est le manouvrier, où est le bourgeois, où est le grand seigneur ? Le paletot et les vêtements se ressemblent tous : démocratie. Il faut un certain tact et un œil exercé pour faire des distinctions et mettre sur chaque passant l'estampille de la considération qu'on veut bien lui accorder. La démocratie du costume est universelle ; dans toutes les parties du monde, le paletot est le même.

Du costume aux mœurs la distance n'est pas très-grande ni très-difficile à franchir. Si, dans la société, il y a encore des différences entre les citoyens, ces différences proviennent seulement de l'instruction et de l'éducation, c'est-à-dire qu'elles peuvent et doivent disparaître par la diffusion des lumières et de l'instruction. L'éducation offrira peut-être plus de difficultés, mais elle a déjà influencé sur le nivellement des mœurs et y influencera désormais de plus en plus, jusqu'à ce qu'elle les ait élevées assez haut pour qu'elles puissent prendre un niveau qui n'aura plus rien à craindre des bas-fonds qu'entretient une éducation vicieuse.

Si les mœurs doivent s'améliorer en s'élevant et en envahissant la démocratie, les habitudes, qu'il ne faut pas confondre avec les mœurs, se modifieront profondément. Les habitudes aristocratiques, qui sont le sublime du genre, auront de la peine à se conserver pures et intactes, en concours avec les habitudes démocratiques qui se forment et se reforment journellement et se perfectionnent par l'instruction. Les différences perdront leurs aspérités respectives et disparaîtront dans une fusion plus ou moins lente, mais inévitable.

Pour que la démocratie s'établisse, il n'est pas besoin de refaire la société de fond en comble, de la désorganiser pour l'organiser sur un nouveau plan. Il n'est même pas nécessaire de bouleverser les positions acquises. Passons l'éponge sur le passé ; l'éponge sera peut-être imprégnée d'ordure, mais elle les effacera. Que chacun conserve son avoir, quelle qu'en soit la provenance; pas de recherches d'origine, mais une simple mesure qui suppprime toute féodalité. Tous les hommes étant égaux, nul, sous quelque prétexte que ce soit, n'a droit à opérer un prélèvement quelconque sur le travail d'autrui. Et c'est tout. Et la démocratie est installée d'une manière inexpugnable.

Si nous concevons la résistance des intéressés, c'est-à-dire de ceux qui profitent des dernières traces de la féodalité, nous ne concevons guère la résistance des cultivateurs à l'avènement de la démocratie. Ce sont eux pourtant qui sont aujourd'hui le principal, et presque le seul obstacle. Il y a là un malentendu qu'il importe de faire disparaître.

Avant 89, les cultivateurs étaient les gens taillables et corvéables à merci par excellence. Ils subissaient, plus que qui que ce soit, les rigueurs et les inconvénients de la féodalité. Ils n'étaient pas des hommes, mais des bêtes de somme et de rapport. 89 abolit la féodalité et, quelques années après, les cultivateurs, qui d'abord étaient à peine possesseurs de la besace dans laquelle ils plaçaient le pain qu'il avaient mendié, se trouvent possesseurs du sol, c'est-à-dire du métier sur lequel ils travaillent librement, et des produits qu'il fournit. Le cultivateur devrait bénir la révolution qui l'a fait ce qu'il est aujourd'hui, en l'affranchissant, en le rendant libre et égal à tous les autres citoyens. Mais les intéressés ont exploité l'ignorance où croupit encore le cultivateur, en lui faisant croire que la révolution avait été pour lui une calamité, et que la calamité serait bien plus grande encore si la révolution venait à compléter son œuvre, par l'installation définitive de la liberté et de l'égalité.

Étrange aveuglement des hommes ! ingratitude stupide ! Précisément ceux qui ont le plus gagné et auxquels il reste le plus à gagner encore de l'accomplissement des principes de 89 sont ceux qui servent à empêcher ce prompt accomplissement. Il faut entendre les cultivateurs s'exprimer sur la révolution ; l'incendie de leur maison ne leur inspirerait pas autant d'ardeur. Pour ce que le paysan en veut et sait faire, il a assez de liberté ; les autres doivent se contenter comme eux de ce qu'ils en ont. Le noble ne le fait plus fouetter par ses gens, le bourgeois n'est plus son supérieur, c'est assez d'égalité pour lui. Il n'en demande pas davantage, et tout le monde doit faire comme lui et se trouver content et satisfait.

Avec de pareilles idées semées adroitement, et adroitement entretenues parmi la population des campagnes où les bienfaits de l'instruction n'ont pas encore pénétré, les intéressés constituent facilement un groupe considérable qui pèse de tout le poids du grand nombre dans la balance des intérêts sociaux et dans l'administration de la chose publique.

C'est en trompant les cultivateurs que les intéressés viennent à bout d'empêcher le principe de la démocratie de triompher. C'est donc en détrompant les cultivateurs, en les éclairant et leur mettant à jour la vérité que la démocratie viendra à bout d'extirper les derniers vestiges de la féodalité.

Répétons ici que la démocratie n'est pas un bouleversement, un cataclysme, un cahos. Elle est tout simplement le complément et la réalisation des principes posés par la Révolution de 89. Sans trouble, sans confusion, sans conflit, sans soulèvement de passions, sans froissements violents, sans aucunes terreurs, la démocratie doit s'installer et s'installera dans les faits comme elle l'est dans les principes de nos constitutions ; elle n'a qu'une chose à faire, une seule, effacer de notre législation et de nos institutions toutes les dispositions contradictoires avec la liberté et l'égalité des citoyens. C'est bien simple, mais c'est une œuvre immense de patience et d'étude. Qu'on l'entreprenne, et l'avenir de la démocratie est assuré.

Mais, dira-t-on peut-être, admettons que cette œuvre d'épuration soit accomplie, et que toute la législation de la France soit expurgée de toutes les dispositions en opposition avec les droits de liberté et d'égalité des citoyens, en quoi sera-t-on plus avancé ? Autrement dit, qu'est-ce qu'il en résultera ? Examinons ce qui est, et ce qui sera.

Pour ne pas nous noyer dans les détails, nous allons prendre seulement deux ou trois points des plus importants.

Quand les grandes entreprises nationales sont données à la faveur, il en résulte que quelques gros bonnets, qui en ont obtenu la concession, trouvent moyen, dans l'espace de quelques mois, d'encaisser plusieurs millions de bénéfices avant que l'entreprise fonctionne, avant même que les travaux soient commencés. Ce qu'ils gagnent ainsi, nécessairement quelqu'un le perd, et ce quelqu'un n'est pas autre que les travailleurs ; c'est un prélèvement opéré sans justice sur le travail et qui offense les lois de l'égalité.

Des privilèges sont accordés à des sociétés anonymes ; les fonds sont fournis par les travailleurs, auxquels on distribue un dividende quelconque. Mais les titres émis par les nombreuses compagnies qui se sont fondées donnent lieu à un jeu effréné. Des milliers de personnes sans travail vivent du trafic des valeurs en circulation ; des millions sont absorbés par ces trafiquants : ces millions encore qui font profit aux uns font nécessairement perte pour d'autres, et ces autres sont encore les travailleurs, qui sont froissés, sous ce rapport, dans l'égalité et dans la liberté.

Pour former ces sociétés anonymes et autres, des lois déterminent les conditions. Or, ces conditions sont telles, que les gros bonnets seuls peuvent former une association qui est interdite aux petits. Que devient à cet égard la liberté ? que devient l'égalité ?

Les impôts, qui doivent être la contribution proportionnelle des citoyens aux charges publiques sont répartis sans considération des lois de l'égalité. La propriété territoriale est grevée outre mesure, à tel point que sa circulation semble interdite. La propriété égalant la propriété, toutes les propriétés devraient être atteintes, par l'impôt, d'une manière égale. Les produits sont traités avec la plus grande inégalité ; un des principaux produits de la

France est grevé d'impôts jusqu'à concurrence souvent de 100 et de 200 pour cent de sa valeur. Qui paie ces impôts, répartis aussi inégalement ? Les travailleurs ; c'est encore un mode de prélèvement sur leur travail qui se compte par centaines de millions.

Et les finances, qui jouent un si grand rôle dans les affaires par le crédit et la circulation des produits, ne serait-il pas puéril de chercher à démontrer qu'elles sont constituées en féodalité. La féodalité financière est patente et fonctionne avec licence du gouvernement ; c'est par centaines de millions et par milliards que se comptent les prélèvements qu'elle opère à son profit sur la production.

Il ne suffit pas de produire librement et sans être astreint à payer des droits féodaux. Il faut encore que les produits circulent librement et sans faveur ni défaveur. Comment se fait-il que, pour prétexte de favoriser le travail, plus un produit est travaillé, plus les moyens de vente lui sont interdits ? Cette défaveur se solde aussi par des millions dont le travail est privé et que paie la consommation, c'est-à-dire encore le travail.

Ces prélèvements de toute nature, si on les additionne, c'est à des milliards, à plusieurs milliards qu'en arrive le chiffre ; c'est donc de plusieurs milliards que sont privés les travailleurs et qui passent dans la poche de gens auxquels ils n'appartiennent pas.

La question de la démocratie n'est, on le voit, qu'une question de travail. Le produit du travail doit appartenir et rester intégralement au travailleur. Pour obtenir ce résultat légitime, il suffit, suivant nous, de supprimer tout ce qui fait obstacle à la liberté et à l'égalité des citoyens.

Supposons cette opération faite, et voyons l'aspect que présentera la société. D'abord on se demande si le travail deviendrait beaucoup plus riche par l'affranchissement complet du citoyen et la suppression de tous prélèvements injustes. Nous ne savons pas si le travail s'en enrichira beaucoup; mais ce qu'il y a de certain, c'est qu'il sera moins appauvri, ce qui équivaut bien à un accroissement de richesse, l'homme qui produit par exemple une valeur de 5 fr. et qui n'en retire que 4 ou même 3, trouvera certainement mieux d'en retirer 5 fr. Il est vrai qu'en compensation ceux qui profitaient de la différence n'en profitant plus, seront appauvris d'autant; mais cela ne nous émeut guère, ou plutôt nous aurons à nous en féliciter, car cela donnera à la production des bras de plus, par conséquent plus de produits, sans qu'il y ait diminution dans la consommation : l'oisiveté parasite sera obligée de travailler. Nous ne voyons pas grand mal à cela.

C'en est assez, ce nous semble, au sujet de la politique intérieure de la démocratie. Cette politique ne roule que sur un seul et unique point et peut se résumer en deux mots : maintenir et rétablir la liberté et l'égalité des citoyens. Reste maintenant la politique extérieure, dont nous devons dire quelques mots ; après quoi nous en dirons quelques autres au sujet des castes qui ont dominé en France, et particulièrement de la caste bourgeoise, autrement dit de la bourgeoisie.

La politique intérieure de la démocratie ne roule que sur ce seul et unique point : maintenir et rétablir la liberté et l'égalité des citoyens. Reste la politique extérieure.

La démocratie ne peut pas être conquérante ; elle donnerait un démenti à son principe, et elle n'a rien à retirer des conquêtes ; elle ne doit donc se préoccuper que de n'être pas conquise elle-même. Jamais offensive, elle a le droit de se tenir sur la défensive et d'organiser ses moyens de défense.

Contre les envahissements injustes de l'étranger, pour une nation démocratique, le premier moyen de défense consiste à ne pas s'isoler, à faire, au contraire, de la propagande et à se créer des alliés avec lesquels elle s'enchaîne par des traités d'alliance, non pas offensive et défensive, mais défensive seulement. Les alliés naturels d'une nation démocratique sont les peuples qui entrent plus ou moins hardiment dans la voie démocratique.

Ainsi, quand la France sera complètement organisée démocratiquement, elle comprendra qu'une alliance indissoluble doit exister entre elle et les États-Unis de l'Amérique, où la démocratie fonctionne sans conteste, sans opposition et sans entraves. Puis viendra la Suisse, puis l'Italie qui doit devenir bientôt démocratique, sinon sa nationalité n'aurait pas de raison d'être, ou plutôt serait une calamité; puis la Belgique, quand elle sera entrée, pour l'égalité des citoyens, dans la bonne voie où elle est entrée pour la liberté. Il en sera de même pour l'Angleterre et successivement pour les autres nations, au fur et à mesure qu'elles graviteront vers le même foyer.

Dès aujourd'hui, les éléments d'une puissante confédération démocratique existent ; s'ils étaient utilisés, ils constitueraient une force assez grande pour refouler à tout jamais les idées belliqueuses des autres nations. Les nations démocratiques, quand elles sont fortement constituées, ne sont pas conquérantes et ne peuvent être conquises. Allez donc conquérir les État-Unis ! La guerre, n'ayant plus même de prétexte, serait donc définitivement abolie.

Quelle richesse pour les nations, quel bonheur pour les peuples ! La guerre, qu'il y ait ou non des batailles, absorbe en pure perte une très-grande partie des produits du travail. Cette partie ne sera plus enlevée, et si de ce point de vue économique, nous passons au point de vue humanitaire, nous sommes en droit de demander aux partisans de la guerre s'ils se sont bien rendu compte de ce qu'a coûté à ses parents, à sa pauvre mère, de soucis, de chagrins, de peines, de soins, d'inquiétude, de tourments, un homme de 20 ans, et c'est cet homme que vous venez arracher sans pitié des bras de ceux qui l'aiment plus qu'eux-mêmes pour l'enguirlander d'oripeaux et le conduire dans un champ à quelques centaines de lieues de chez lui, pour l'égorger en même temps que plusieurs milliers d'autres jeunes hommes comme lui, et vous ne frémissez pas d'horreur ? Non ! vous vous bornez à répondre que nous calomnions la guerre et que nous voulons la rendre odieuse. Non, nous ne la calomnions pas, nous ne faisons que peindre la réalité ; mais oui, nous voulons la rendre odieuse, nous la détestons, nous l'abhorrons, et nous ne pourrons nous taire que quand, dans tous l'univers, elle sera détestée et abhorrée comme elle l'est par nous ; et voici pourquoi nous sommes démocrates.

Un grand conservateur nous disait, à propos des complications italiennes et allemandes : voilà la Révolution qui se réveille et qui envahit de tous côtés. C'est un malheur, car la Révolution, c'est-à-dire la démocratie, n'a rien fondé et ne fondera encore rien ; ce seront des troubles en pure perte et des compétitions qui n'aboutiront à rien de favorable à l'humanité.

Ce conservateur avait en petite partie raison et tort en très-grande partie. Il avait raison, en ce sens qu'en effet la démocratie ne fondera rien, par une raison bien simple : c'est qu'elle ne doit rien créer, et que c'est en voulant créer qu'elle fait éclater ces compétitions qui effraient la nation et n'aboutissent jamais. Mais il avait tort et très-grand tort de penser que par cela seul qu'on ne substitue pas un système à un autre, qu'on ne crée pas des institutions nouvelles ; par cela seul on ne fonde rien. Expliquons-nous.

Il y a deux manières de fonder : l'une par voie de création, et l'autre par voie d'élimination. Évidemment, quand dans une machine vous avez des rouages qui vont à contre-sens et entravent les mouvements, si vous les supprimez, par ce seul fait, d'une mauvaise machine, vous en fondez une bonne qui marche régulièrement et rend les services qu'on lui demande.

En supprimant la féodalité, la démocratie n'a rien créé ; mais d'un mauvais ordre de choses, elle en a fait un admirablement bon : elle a démocratisé la propriété territoriale et fondé la prospérité de la nation.

En supprimant les priviléges et les réglementations du travail, en supprimant la loi de protection, elle a fondé la liberté du travail et du commerce et augmenté la richesse des citoyens.

Et pourtant, la démocratie n'a effectivement rien créé. Mais les éliminations qu'elle a faites équivalent à une création réelle et produisent les plus puissants effets.

L'œuvre commencée en 89 n'est pas encore

achevée. Si la féodalité est abolie en principe, elle règne encore beaucoup trop dans les faits et dans la pratique. Il faut procéder à l'éliminination de ses derniers vestiges; et quand l'œuvre sera achevée, on s'étonnera que, sans avoir enfanté des plans et des institutions plus ou moins arbitraires, se trouvera pourtant fondée l'ère de la justice et de l'ordre dans la société.

Il est bien évident que si l'on écarte de toute la législation les germes dangereux et nuisibles à l'établissement de l'égalité et de la liberté, principes et bases uniques des institutions démocratiques, la démocratie se trouve, par ce seul fait, instituée et établie d'une manière inattaquable.

La bourgeoisie, c'est patent et incontestable, après avoir triomphé pendant quelques 30 ou 40 ans, n'est plus que de l'histoire ancienne ; elle est rayée du cadre de la population, elle est morte et enterrée, et ne renaîtra jamais de ses cendres.

La bourgeoisie a été étouffée ou plutôt broyée par deux meules agitées en sens inverse. La bourgeoisie, prise entre la féodalité financière et industrielle d'une part et la démocratie des travailleurs d'autre part, a été écrasée comme le grain dans un moulin et réduite en poussière.

Qu'est devenue cette poussière, et quel sort lui réserve l'avenir? Nous expliquons ailleurs les phases relatives à la première de ces questions. Nous devons donner ici quelques explications au sujet de la seconde, qui est aussi traitée ailleurs, mais qui ne saurait être trop approfondie.

La révolution de 89, en proclamant les grands principes : liberté, égalité, a fait acte de justice et d'opportunité. Les bases de la loi sociale étaient posées, l'application des principes devait ensuite être rigoureuse dans les diverses assises de l'édifice qu'il s'agissait de construire. Mais la pratique ne se décrète pas comme les principes, elle est subordonnée aux caprices, à l'ignorance, à la bonne ou mauvaise volonté, aux mœurs, aux préjugés, aux entraves de toutes sortes et à des difficultés sans nombre dont il importe de tenir un grand compte dans l'étude comparative des principes régulateurs avec la pratique et les faits. Ne nous étonnons donc pas trop si aujourd'hui, après 80 ans de principes posés, nous ne trouvons pas encore la réalisation aussi complète qu'on aurait pu le penser.

Qui dit : liberté et égalité, dit évidemment : pas de classes distinctes de citoyens, pas de castes, pas de privilégiés, pas de parias, pas de prolétaires, pas de grands seigneurs ; tous libres, tous égaux. Cette loi sociale ne laisse aucune place à aucune exception. La violation de ces préceptes entraîne des perturbations, et tôt ou tard la nécessité de redressements qui ramènent dans la bonne voie dont à tort on s'était écarté.

Après qu'il eut été fait table rase, au moins théoriquement, d'un ordre de choses par trop contraire aux principes nouveaux que l'on venait de poser, après avoir brisé la féodalité terrienne, aboli la noblesse et les priviléges dont elle était gratifiée, affranchi toute la population, et passé le niveau sur une foule d'abus devenus intolérables à la nation, il s'agissait de faire entrer les principes nouveaux dans les mœurs, dans les faits et dans la constitution définitive de la nation et de l'humanité. La nation avait été composée de classes, de castes et de catégories différentes de citoyens. Il fallait par conséquent réduire toutes ces différences à un même dénominateur, à un type unique.

La bourgeoisie, généralement instruite et jouissant de quelque fortune, s'offrait comme moyen terme dans les diverses nuances sociales, comme la raison moyenne de la nation ; par conséquent, comme le type pouvant servir de modèle et de point de ralliement à tout le reste de la population. S'appuyant sur ces données, il ne fut pas trop difficile à la bourgeoisie de s'acclamer et de s'imposer à la nation ; mais elle arriva au pouvoir avec un vice radical, qu'elle a plutôt cherché à étendre qu'à faire disparaître : elle était une des classes de l'ancien régime, elle voulut rester classe et par conséquent former caste. Elle se fit dominatrice, intolérante et exclusive comme toutes les castes ; elle ne ferma pas tout à fait ses portes, mais elle les laissa si peu entr'ouvertes que l'accès en était à peu près impossible au reste de la nation et surtout au prolétariat, qu'elle maintint *unguibus et rostro.*

Ce n'était pas là l'esprit des principes de 89. La Révolution n'avait pas brisé le passé, pour le réédifier sur les mêmes bases avec seulement un changement de personnes. La bourgeoisie n'était pas plus la démocratie, que la noblesse et la féodalité ou le prolétariat, même en élargissant ses cadres. C'était une caste, et rien de plus, qui ne pouvait et surtout ne voulait rien pour la démocratie.

A défaut d'éléments utiles pour la constitution de la démocratie et le type manquant dans le passé, la démocratie a été créée ou plutôt s'est créée elle-même de toutes pièces, et s'est révélée par sa propre puissance, sans précédent dans le passé, et par conséquent dans toute la pureté virginale d'un nouveau-né, sans autre appui ni paternité que les principes de 89 : liberté, égalité, sous l'invocation desquels elle se présente hardiment pour faire son entrée dans le monde et marquer une des plus grandes étapes de la civilisation

La nécessité de cet élément nouveau est résultée de la force des choses. En voulant dominer, la bourgeoisie violait la loi sociale, et quand on viole la loi, surtout la loi fondamentale, on désorganise tout. La bourgeoisie a tellement désorganisé l'ordre social qu'elle a disparu dans la mêlée et est la première victime de son ambition. Elle a voulu s'organiser en caste, et elle a abouti à fonder chez elle une caste dominante, une aristocratie, une féodalité, composée de quelques-uns des siens, et qui, sans soucis de la grande majorité de la classe moyenne, aspire à la faire rentrer dans les rangs du prolétariat. Il n'y a plus en ce moment en France que deux classes : la caste féodale et le prolétariat. C'est du sein du prolétariat qui a englobé la classe moyenne que surgit la démocratie, venant demander sa place au soleil. Le prolétariat et la classe moyenne, fondues ensemble et ne faisant plus qu'une seule et même chose, ont aujourd'hui un grand avantage : c'est celui d'offrir un tout compact, homogène et à l'abri, par conséquent, de tout ferment de haine, d'envie et de division. Avec le Suffrage universel pour moyen d'action, et liberté, égalité pour devise, la démocratie ne devrait pas être éloignée de son installation définitive et complète.

Il n'y a plus à son avènement qu'un seul obstacle, et, disons-le de suite, c'est l'aristocratie qui le fournit. Aristocratie et démocratie sont deux termes inconciliables, contradictoires. Donc, pour qu'il y ait démocratie, il faut la suppression de l'aristocratie. Mais ce n'est ni par la force, ni par la violence, ni par autorité, qu'il convient d'opérer cette suppression. Nous l'avons dit et expliqué ailleurs : c'est par l'application, en tout et pour tout, des principes de 89 : liberté et égalité. Une aristocratie n'a pu se créer que par la violation de ces principes;

elle ne résistera pas à leur application rigoureuse et absolue sans exception, comme sans faveur et sans distinction.

En résumé, la démocratie est, avant tout, une négation qui, par conséquence logique, devient une affirmation.

Elle est la négation de toute espèce de monarchie, de la monarchie absolue, qui met tous les sujets sous le coup de la volonté arbitraire du monarque comme de la monarchie dite constitutionnelle, c'est-à-dire tempérée par le concours des classes dirigeantes dans l'exercice du pouvoir.

Elle est la négation de la domination des castes nobiliaires, plus ou moins entachée de quelques vieux restes du régime féodal.

Elle est la négation de la domination de la classe bourgeoise plus ou moins égoïste, exclusive et entachée de la velléité de se substituer purement et simplement à la noblesse.

Elle est la négation de toute dictature et notamment de la dictature prolétaire, c'est-à-dire de la domination des classes inférieures, exploitée arbitrairement sans principes et sans aucune espèce de données scientifiques.

Elle est encore la négation de tout assujétissement des hommes les uns aux autres, de tout privilège et faveur pour les uns au préjudice des autres, de toute injustice, de la force remplaçant le droit, de l'arbitraire et de la fantaisie se substituant à la science.

Enfin, elle est la négation de la domination de tous les partis, quels qu'ils soient, politiques ou sociaux.

Son rôle, comme son devoir, consiste tout d'abord à éliminer tout ce qu'elle nie, pour devenir ensuite une affirmation.

Après épuration et élimination de tout ce qui lui fait obstacle, la démocratie tout naturellement et, par simple conséquence logique, affirme les principes : Liberté et Égalité, posés par la grande Révolution de 89, l'application du droit à tous et à tout sans exception, sans faveur et sans réserve, le triomphe de la raison et de la justice, et la pratique progressive de la loi morale éclairée par la science.

§ 2. — *Démocratie et Domesticité.*

Tout le monde est d'accord pour acclamer la démocratie en principe. Le principe est tellement indiscutable et irréfutable, que personne ne voudrait s'exposer à le combattre et même à le discuter. Toutes nos lois constitutionnelles, tous les discours d'apparat sont d'accord pour le proclamer. Il n'y a pas de difficulté à cet égard.

Mais, si l'accord est unanime et sans conteste quant aux principes, la divergence quant au fait et à l'application est multiple et profonde ; les opinions se partagent pour ainsi dire à l'infini. Il y a, en un mot, le plus grand désaccord : les uns veulent la réalisation immédiate et radicale, les autres la veulent successive et par étapes ; les autres avec des ménagements et des conditions, d'autres même n'en veulent pas du tout. Les uns la bénissent, les autres la maudissent ; de là des tiraillements, des passions mises en mouvement, des intérêts surtout froissés et irrités ; des haines et des colères, des perturbations sociales. Il serait donc bon d'aviser et de s'entendre, s'il est possible : c'est ce que nous allons essayer de faire.

La démocratie, c'est la liberté entre tous les citoyens, c'est l'égalité entre eux tous sans exception, c'est la justice pour tous sans faveurs ni privilèges. Liberté, égalité, justice, rien de plus, rien de moins. Depuis que la démocratie a été posée en principe, elle s'est peu à peu insinuée dans les faits ; elle a fait un pas et même un grand pas dans la réalisation, elle a pénétré un peu partout, brisé beaucoup d'obstacles, opéré beaucoup de changements dans les mœurs et dans les affaires. Elle a tellement marché que sa voie est désormais toute tracée, qu'elle la suit imperturbablement, malgré les entraves et les obstacles qui la gênent encore et forment un courant que l'on peut considérer comme irrésistible.

Quelle ligne de conduite, quelle politique doivent être suivies ? Doit-on ou résister au courant qui entraîne vers la démocratie, ou l'aménager et le seconder avec précaution et mesure, ou le dégager de tout ce qui peut l'obstruer et lui faire un lit aussi large et aussi profond que le courant peut le comporter, de manière à ce qu'il coule à pleins bords dans tout son calme et dans toute sa puissance.

Ce qui importe par-dessus tout à la société et à toute l'humanité, c'est que l'ordre règne d'une manière absolue et ne soit pas exposé à être troublé par des aspirations immorales, par la violation des principes de la loi morale, qui doit présider aux relations des hommes entre eux. Or, est-il possible que la société ne soit pas sans cesse exposée à des désordres, quand la loi d'égalité est évidemment violée légalement ou administrativement, ou la loi de liberté enfreinte de la même manière? Poser cette question, c'est la résoudre ; car si la pratique des choses n'est pas en concordance avec les principes posés, il est évident qu'à chaque instant, il doit y avoir des chocs, des plaintes, des violences même et, dès lors, des perturbations plus ou moins graves, mais toujours compromettantes pour l'ordre social.

Poser des questions sur ce sujet important, c'est les résoudre. Tant qu'elles ne sont pas posées, la loi sociale qui les domine peut être faussée et violée ; mais il n'y a plus de confusion possible quand elles sont soulevées et qu'on les examine et les discute. C'est que la logique n'admet ni erreur ni concession, et qu'elle seule décide alors d'une manière absolue ; c'est aussi que la logique exclut tout autre élément que les éléments scientifiques, et, par conséquent, toutes les considérations accessoires, les passions, les volontés, les caprices, pour ne se fonder que sur les principes et la loi sociale qui n'admet pas d'exception à ce qu'elle prescrit.

Donc, dans l'examen d'une question quelconque relevant de la loi sociale, il faut se dépouiller des prédilections, des goûts, des passions personnelles ; libre à chacun de les conserver pour sa propre satisfaction, mais sous peine d'arriver à des résultats étranges, incohérents, par cela même dangereux, défense de s'en faire un régulateur, dans tout ce qui intéresse la société ou la généralité des citoyens.

Ainsi, la question de domesticité préoccupe vivement toute la société. Si, pour l'examiner et en chercher la solution, on se laisse dominer ou diriger par ses prédilections particulières, on se fourvoiera complètement. Les faits viendront infailliblement donner un démenti à toutes les combinaisons formées par les esprits les plus inventifs ; si, au contraire, on l'examine sans parti pris, sans prévention, sans affection particulière, on pourra y voir clair, et, se rendant un compte assez exact de la situation, on ne sera pas exposé à se heurter à des obstacles qui ont surgi par la force des choses et que nulle puissance humaine n'est désormais capable de vaincre. Si l'on ne bénit pas les résultats, on peut du moins, sans aller à l'encontre, se créer une ligne de conduite qui s'en accommode le mieux possible.

On ne confie pas impunément à la terre une semence quelconque ; de même le monde n'ensemence pas impunément la société de principes dictés par l'expérience et la raison. Il faut que ces principes germent partout où on les a répandus, qu'ils croissent avec plus ou moins de lenteur ou d'activité, et que tôt ou tard ils produisent des fruits. C'est en vain que des mains téméraires chercheraient à étouffer ces germes, cette semence, elles y perdraient leur temps et leurs peines : la terre est imprégnée pour toujours, la société s'en est fait un élément qui lui est aussi nécessaire que l'air et la lumière; donc, extirpation impossible.

La fructification des principes semés en 89 s'opère, depuis lors, lentement si l'on veut, mais avec insistance et opiniâtreté et surtout avec une efficacité déjà facilement appréciable. Les principes magiques, liberté, égalité, ont partout pris plus ou moins racine et pénétré dans les mœurs de toute la nation; ces principes ont donné à toutes les relations des hommes entre eux un tout nouveau caractère. Et, d'un autre côté, l'affranchissement du travail et de la propriété, conséquence des principes posés, en est venu consacrer l'application et les résultats. Il y a eu sur ce point véritable révolution : les rapports des hommes entre eux sont changés du tout au tout.

Avant 89, il y avait dans la nation deux classes de citoyens, parfaitement distinctes : dans l'une, des privilégiés en plus ou moins grand nombre, des seigneurs, des maîtres ; dans l'autre, des vassaux, des parias, des serfs taillables et corvéables à merci, rivés à perpétuité à leurs chaînes et sans espoir d'affranchissement. On conçoit qu'alors les masses, condamnées à une obéissance passive et exclues du droit de propriété, se tinssent à la discrétion des maîtres et seigneurs, de qui dépendait leur existence. La domesticité étant leur lot, ils n'avaient qu'à s'arranger de façon à le rendre tolérable. Le moyen consistait surtout à se dévouer corps et âme aux intérêts du maître qui, en compensation, lui rendait l'existence le moins désagréable possible.

Tous ceux qui n'étaient pas grands seigneurs et maîtres, et c'était le plus grand nombre, étaient nécessairement serviteurs à un titre quelconque des seigneurs et maîtres. Pour vivre, il fallait nécessairement travailler, et les seigneurs étaient les distributeurs du travail qui, comme les hommes, était sous leur dépendance. Les maîtres n'avaient que l'embarras du choix, et n'allouaient au travail que la plus mince rétribution ; la domesticité n'en recevait pour ainsi dire aucune, mais elle était nourrie, logée, chauffée, vêtue tant que durait son service ; elle n'avait dès lors qu'un intérêt, celui de proroger le plus longtemps possible la position qu'elle occupait, de peur de n'en plus rencontrer d'analogue et d'être, au contraire, jetée sans ressources sur le pavé. Il était alors très-commun de voir la domesticité naître et mourir, et de père en fils, au service du même maître. Où se serait-elle mieux trouvée ailleurs? Son sort n'était pas brillant, mais il était à peu près assuré. On le supportait tel quel, mais surtout par cette puissante raison qu'il n'y avait pas moyen d'en changer.

Il ne faut pas un grand effort d'imagination pour comprendre que 89, en acclamant les principes : Liberté, Égalité, en affranchissant le travail et la propriété en même temps qu'il affranchissait les hommes, créait un tout autre ordre de choses. Cette création ne sortait pas toute organisée du cerveau de ceux qui l'opéraient, mais elle avait ses fondement, et le temps devait nécessairement l'édifier et la rendre complète. Après bientôt 80 ans, l'enfantement n'est pas terminé, mais on peut le constater par les effets qu'il a déjà produits.

L'ouvrier industriel, maître et libre de son travail comme de sa personne, n'est plus le serviteur d'un maître. Il traite librement de son travail et utilise son salaire par l'achat d'une maison où il se loge, lui et sa famille, de meubles dont il garnit son logement, et quelquefois, quand ses économies le permettent, des titres de valeurs mobilières et immobilières. Cet homme, libre et égal avec tous les autres citoyens, n'est plus le serviteur de personne ; il traite de puissance à puissance avec qui que ce soit et vit avec la plus entière indépendance. Tous les ouvriers industriels, empressons-nous de le dire, n'en sont pas encore là. Il y a encore bien des ronces sur leur route, bien des difficultés à vaincre, bien des obstacles à surmonter, mais la route est tracée, et tôt ou tard elle sera déblayée.

C'est surtout chez les cultivateurs que l'effet de 89 a été le plus marqué et a opéré un virement radical dans les relations sociales. Le paysan affranchi a pu devenir propriétaire d'une portion quelconque du sol cultivable : le champ qu'il cultive est à lui. Il n'a plus de temps à donner au travail pour d'autres ; il n'attend plus rien d'autrui et n'a plus rien à demander à qui que ce soit. Si l'on a besoin de lui, il n'est plus à la discrétion de personne, et pour donner une portion de son temps disponible, il se fait payer le plus cher qu'il peut. Jadis on lui donnait ce qu'on voulait pour l'avoir comme domestique pendant une ou plusieurs années et même pendant toute sa vie. Aujourd'hui, il ne se donne plus que pour un temps très-court et débat ses prix qui s'élèvent tous les jours.

Il y a loin de là à ce qui se passait autrefois par rapport aux domestiques et serviteurs, et l'on peut dire qu'aujourd'hui il n'y a plus réellement de domestiques. 89 en a fait disparaître l'espèce ; ils ont été remplacés par des citoyens qui sont propriétaires et indépendants, mais travailleurs; la soumission aux personnes a disparu; chacun travaille comme il peut, mais aussi comme il l'entend, et conforme sa demande de rémunération au travail accompli ou à accomplir sans considération pour la personne à qui appartiendra le produit : l'inféodation est rayée du vocabulaire du paysan.

C'est de cet état de choses que se plaignent beaucoup de gens qui crient à l'immoralité et à la perversité humaine. On a toutes les peines du monde à se faire servir, et bientôt on ne trouvera plus de serviteurs. C'est évident; encore quelques années, et il ne restera plus trace du domestique. Mais est-ce bien une immoralité, une perversité, en un mot un malheur social et un danger pour l'ordre public? Nous sommes loin, pour notre compte personnel, de le penser ainsi et pour dire toute notre pensée, c'est tout le contraire. Voici, en deux mots, nos motifs :

Nous considérons ainsi que beaucoup de monde, pour ne pas dire tout le monde, trouve très-agréable de se faire servir en toutes choses par une ou plusieurs personnes; mais c'est là une prédilection particulière et essentiellement personnelle. Tous les citoyens étant libres et égaux, tous ont chacun, à part soi, la même prédilection. Comment faire pour que tous et chacun puissent la satisfaire? Cette question nous conduit tout naturellement sur le terrain et au point de vue général de l'humanité. L'humanité a besoin d'ordre et ne peut vivre qu'avec l'ordre. Tant que quelques-uns ont la prétention et la puissance de tenir les autres sous leur dépendance, le désordre social est en permanence, la révolte des inférieurs est toujours imminente, les troubles sociaux sont sans cesse prêts à éclater, la sécurité de chacun est menacée, l'humanité tout entière est sur un volcan prêt à s'embraser.

Pour que l'humanité soit à l'abri de ces perturbations toujours menaçantes, est-ce payer trop cher l'ordre et la sécurité que de se soumettre aux principes de 89 : liberté, égalité. Évidemment non, et d'ailleurs, il est impossible désormais de se soustraire à leur influence. Le mieux alors est d'en prendre son parti. Après tout, les conséquences n'en sont pas aussi déplorables que quelques esprits chagrins ou égoïstes voudraient le faire croire.

En effet, tout le commerce de la vie des hommes est un échange continuel de produits. C'est le travail seul qui fournit les produits livrés à l'échange : donc, tout le monde travaille et produit ; mais pour faciliter et multiplier la production, le travail se divise pour ainsi dire à l'infini, et chacun en adopte un spécial. L'homme qui voudrait faire de lui-même tous les produits dont il a besoin, ne viendrait à bout d'aucun et serait bientôt réduit à la plus affreuse misère et au plus grand dénuement de toutes choses. Force est donc de spécialiser la production et le travail de chacun, sauf à échanger les produits. Conçoit-on un homme s'isolant des autres et se faisant son architecte pour se bâtir une maison ; son laboureur pour semer et récolter le grain qui doit le nourrir, son meunier pour le moudre et le convertir en farine, son boulanger pour pétrir et cuire son pain, son cuisinier pour préparer ses repas de chaque jour, son jardinier, son vigneron, son tonnelier, son menuisier, charpentier, serrurier, forgeron, tailleur, tisserand, filateur, cordonnier, chapelier, voiturier, etc., etc., évidemment cet homme ne s'en tirerait pas.

Force est donc à chacun de recourir aux autres et de procéder par voie d'échange. Tout est susceptible d'échange, et tout produit donnant des bénéfices trouve des travailleurs. Il y a des genres de travaux qui répugnent plus ou moins au plus grand nombre, la rétribution qu'ils offrent dompte les répugnances, et d'ailleurs tous les goûts sont dans la nature et différents les uns des autres : l'un aime le travail dans les champs, en plein air, l'autre le travail sédentaire et dans les bureaux. Il y a toujours moyen de s'entendre : le travailleur industriel peut se livrer exclusivement à la fabrique qu'il affectionne. Il trouvera toujours, surtout en y mettant le prix, quelqu'un qui affectionne la cuisine et le ménage, et le débarrassera du souci de ces détails intérieurs qu'il n'a pas le temps d'aborder, de même qu'il fait pour ses vêtements, ses chaussures, etc., etc.

Dans ces termes, la domesticité est effectivement disparue : elle est remplacée par l'échange de produits et de travail. Personne ne veut plus aliéner sa liberté pour un temps plus ou moins long, et se mettre à la discrétion absolue d'un maître. C'est pour un temps très-court qu'on offre ses services, pour un mois ou huit jours seulement ; c'est surtout pour un travail spécial et parfaitement déterminé d'avance que l'on s'engage. Qu'y a-t-il donc de si effrayant pour la société dans ces nouvelles allures ? Il vaut bien mieux, ce nous semble, au point de vue philosophique, voir la généralité des citoyens pratiquer les principes sociaux et en bénéficier largement, que croupir dans la dégradation où les tenait jadis le régime détruit en 89. L'aspect général de l'humanité ne peut qu'y gagner. D'un autre côté, au point de vue matériel, ces revirements ne s'opèrent pas sans une amélioration notable dans la situation des masses, et tout le monde ne peut que gagner à l'enrichissement général. Ces considérations sont déterminantes, du moins quant à nous, et nous plaindrions sincèrement ceux qui ne le comprendraient pas ainsi.

Aux États-Unis d'Amérique, cette puissante nation où les principes : Liberté et égalité, sont pratiqués mieux et plus que chez aucun peuple du monde, la domesticité n'existe absolument pas. Et cependant, là comme partout ailleurs, tous les besoins de la vie de l'homme y reçoivent la plus large et la plus complète satisfaction. Là comme ailleurs, il y a des genres de travaux qui répugnent à la plupart des citoyens, et cependant ces travaux y sont opérés comme partout ailleurs. Le service intérieur des maisons s'effectue chaque jour. Il y a donc des gens qui se dévouent à ces travaux et à ces services, ou qui s'y livrent pour le prix qu'on les paie. N'importe, ces citoyens n'y perdent rien dans leur fierté et dans leur dignité d'homme. Aucun genre de travail utile ne peut ravaler le travailleur. La liberté et l'égalité n'en reçoivent aucune atteinte.

Les relations des hommes entre eux ne peuvent que gagner d'être établies sur le pied de la liberté et de l'égalité, au lieu de l'être de maître à valet. Il vaut mieux voir les hommes se respecter mutuellement, que de voir les uns impérieux, capricieux, exigeants sans motifs, et les autres bas, captieux, rampants, soumis et résignés du moins dans la forme et aigris au fond et toujours prêts à se révolter et à montrer les dents. Dans un cas, si les hommes ne sont pas tout à fait amis, du moins ils ne sont pas ennemis ; dans l'autre cas, on peut garantir qu'ils sont ennemis, et, qui plus est, ennemis irréconciliables.

Donc, ainsi que nous le disions plus haut, quelle que soit la prédilection personnelle que l'on puisse avoir au sujet de la démocratie en général, et particulièrement de la domesticité, il importe de constater d'abord que la démocratie s'installe peu à peu dans les mœurs et envahira bientôt toutes les institutions, et ensuite que la domesticité disparaîtra entièrement, au fur et à mesure des envahissement inévitables de la démocratie. Que chacun en prenne son parti.

Cet exemple des serviteurs que nous citions tout à l'heure, parce qu'il est peut-être le plus saillant des effets produits par les principes, liberté et égalité, est une preuve de l'efficacité de ces principes, comme de leur excellence, il faut le dire. Car enfin, il est incontestable que le niveau de la dignité humaine s'est considérablement élevé. La grande majorité des citoyens jadis, outre qu'elle était plongée dans la plus crasse ignorance, était humble, servile, obséquieuse, rampante. Aujourd'hui, ce n'est plus cela ; elle est bien encore beaucoup trop ignorante, mais elle commence à s'instruire, elle se respecte plus elle-même et est devenue plus digne ; elle n'est plus traitée par qui que ce soit comme l'esclave par son maître ; elle traite de toutes choses d'égal à égal et en toute liberté et indépendance.

Il y a sans doute encore beaucoup de retardataires dans cette marche ascendante au point de vue de la dignité humaine. La transition aussi entraîne avec elle des défaillances, des écarts et de la morgue que l'on confond avec de la dignité ; mais ce ne sont là que de petits détails sans grave importance pour l'observateur, et inévitables dans toutes grandes commotions et dans tout grand changement de régime. Plus d'instruction et une plus grande pratique du nouveau régime ne peuvent manquer de faire disparaître peu à peu ces taches au tableau.

En somme, la démocratie se dégage peu à peu du cahos des anciennes institutions. Jadis, on voulait à toute force la division des citoyens en classes distinctes et séparées par une ligne de démarcation bien saillante. Peu à peu cette distinction de classes de citoyens s'efface et disparaît ; toutes les classes tendent à se fondre dans une seule, qui n'est pas du tout une des anciennes à laquelle les autres viennent se rallier. C'en est une toute nouvelle et vierge de tous antécédents. Ainsi, il y avait autrefois trois classes bien dictinctes : la noblesse, la bourgeoisie et le peuple, les classes supérieure, moyenne et inférieure. La noblesse a été rayée par la perte de ses privilèges, beaucoup plus que par le décret qui prononce son abolition ; la bourgeoisie n'existe plus et s'est éteinte dans son égoïsme et dans l'impuissance ; la classe inférieure, beaucoup trop nombreuse encore, maîtresse, par son nombre, du gouvernement de la France, prononcera elle-même sa suppression, quand, plus instruite, elle comprendra toute la portée de son rôle dans la direction des affaires. En attendant, plusieurs citoyens en sortent journellement pour s'élever, et la démocratie y opère d'excellentes recrues.

Tous libres et tous égaux ! voilà la démocratie. est aisé de voir que les anciennes distinctions n'y entrent pour rien et ne sont pour rien dans sa constitution ; les hommes suivaient une mauvaise direction, ils l'abandonnent et en suivent une autre. Il n'y avait place au soleil que pour quelques-uns ; il y a place pour tous sans exception. C'est un terrain tout à fait neutre sur lequel l'humanité veut opérer désormais. L'appel qu'elle a fait à tous les citoyens a été entendu : chacun s'y rend de son côté ; les uns, avec vitesse et ardeur, les autres plus lentement, mais aussi sûrement, et d'autres, il faut le dire, en rechignant un peu et même beaucoup. Mais, quoi qu'il advienne, la démocratie est désormais la maîtresse du monde.

La démocratie, c'est-à-dire l'indépendance de chaque citoyen, l'échange libre et d'égal à égal des produits contre les produits, du travail contre le travail, des services contre les services ; pas de privilèges pour qui que ce soit : aucun homme subordonné ni exploité par d'autres, toutes relations des hommes entre eux réglées par libre contrat. Si un tel régime ne fait pas disparaître la misère et les dissensions des hommes entre eux, les lois de l'humanité sont mensongères, l'ordre est impossible dans l'humanité. Proposition absurde ; car, puisque l'humanité existe, elle a nécessairement ses lois d'ordre.

Il est vrai, et nous devons le constater avant de finir, qu'à côté du courant démocratique, il s'est formé un contre-courant aristocratique. L'aristocratie financière cherche à reconstituer la féodalité sur de nouvelles bases, et elle a déjà opéré de grands ravages. C'est elle qui a dévoré et fait disparaître la bourgeoisie, qui enrégimente et subalternise les ouvriers, et qui surtout a eu l'adresse de faire passer dans ses coffres-forts toute la réserve, tout le capital disponible de toutes les classes sans distinction. La reconstitution de la féodalité au profit des princes de la finance a produit, sans nul doute, d'immenses et déplorables effets, en contradiction flagrante avec l'esprit démocratique. Mais si nous le déplorons, nous ne nous en inquiétons pas outre mesure ; le souffle populaire, quand il voudra, fera table rase de cet échafaudage qui n'est, après tout, qu'un incident, un détail, dans l'ensemble des évènements qui se succèdent dans l'humanité. La reconstitution de la féodalité est impossible, après 89 ; donc, la féodalité financière, qui cherche à développer son germe, est destinée à s'étioler et à périr : un simple vote du peuple la tüera et dissipera ses cendres, quand le peuple le voudra.

§ 3. — *Supplément.*

La démocratie est la réalisation des principes de 89 ; c'est, répéterons-nous, leur conséquence logique, c'est l'application des mots liberté et égalité acclamés et consacrés par la révolution de 89. C'est la pratique de la loi sociale, ou plutôt l'entrée dans cette loi primordiale que l'humanité semblait se complaire à éluder, à violenter et même à ignorer, mais qu'elle a pourtant fini par découvrir et poser comme base de l'édifice social à construire et qui n'est encore que réservé à l'avenir.

Quelle ligne de conduite doit être tenue par tous les citoyens, vis-à-vis de tout ce qui se rattache à la démocratie ? Nous nous proposons d'examiner la question à deux points de vue différents : au point de vue des principes et au point de vue des faits.

Les principes, liberté et égalité, sont tellement incontestables et incontestés qu'ils sont devenus des axiomes. Ils s'imposent à tous avec la même puissance que 2 et 2 font 4. C'est qu'ils n'ont rien d'arbitraire, de fantaisiste. Ils sont le résumé en deux mots d'une loi éternelle, universelle, que n'a pas enfantée l'imagination de l'homme, mais que l'observation et le raisonnement lui ont fait découvrir. Au sujet de la question de principe, la ligne de conduite est bien simple à tenir : s'humilier et se taire quoi que l'on en ait. C'est aussi ce qui se pratique invariablement, personne n'étant assez osé ou assez niais pour soulever la moindre contestation à cet égard.

Personne, en effet, n'oserait s'aventurer à contester le moins du monde le principe, mais à l'action, c'est différent. Les subterfuges, les sophismes, les prétextes affluent pour retarder, entraver et même empêcher, s'il est possible, l'application. On s'ingénie à qui mieux mieux pour jeter des bâtons dans les roues. Au besoin, on met les armes à la main, comme s'il s'agissait de repousser les barbares envahissants. Toutes les ruses que peut enfanter l'astuce humaine sont mises en mouvement pour empêcher l'envahissement de la démocratie, comme si la démocratie était la peste ou le plus dangereux des fléaux.

Puisque la réaction, ne pouvant rien sur les principes, porte tous ses efforts sur les faits, étudions donc les faits. Ils nous révèlent, par la comparaison des faits anciens avec les faits nouveaux, de tels changements, de telles modifications, de tels virements opérés par l'influence d'un régime nouveau, à peine ébauché pourtant, qu'il n'est pas hors de propos de chercher à apprécier les résultats et à déterminer leur portée.

Avant 89, hommes et choses étaient assujettis, tout était en dépendance, tout était régi par la volonté arbitraire d'une autorité quelconque ; les hommes étaient les subordonnés d'autres hommes et, s'ils n'étaient plus esclaves comme quelques siècles avant, ils étaient les vassaux de quelques grands seigneurs féodaux. Rivés au sol par la misère et la dépendance, ils étaient immobilisés dans la pauvreté ; le travail enregimenté, réglementé et dirigé à outrance, était à la discrétion de quelques privilégiés qui l'exploitaient à leur guise. Les produits eux-mêmes n'avaient aucune espèce d'indépendance et étaient rigoureusement soumis au bon plaisir et à la rapacité des gouvernants. Hommes et choses ont été du même coup affranchis, et le changement de régime a produit, au bout de quelques années, l'avènement de la démocratie, ou plutôt son entrée sur la scène du monde, où elle dominera tout avant qu'il soit longtemps.

Les principes, quand ils sont posés, et par le fait seul qu'ils l'ont été, commencent à produire leurs effets, lents quelquefois, mais toujours logiques. Les mœurs s'y façonnent et la législation usuelle les consacre plus ou moins. Les résultats se manifestent journellement et étonnent souvent les populations elles-mêmes par leur imprévu, et la révolution qu'ils produisent dans les faits et gestes et dans toute l'économie sociale.

Un exemple entre mille... La proclamation des principes, liberté et égalité, a instantanément affranchi les paysans d'une part et le sol cultivable d'une autre part. De vassal le paysan est devenu citoyen libre et l'égal de tous les autres citoyens. Le sol, apanage autrefois des grands féodaux, a été émancipé, est tombé dans le droit commun et a été mis à la disposition de tous les citoyens sans exception. Dès le lendemain, le paysan commença à devenir possesseur du sol. Il n'a cessé depuis de suivre ce courant, et aujourd'hui il en est arrivé à le posséder presque tout entier : effets inévitables, mais prodigieux d'un principe.

Ce résultat effraie certaines gens ou plutôt contrarie profondément leurs idées. Quand le résultat, qui n'en est encore qu'à ses débuts, sera complet, suivant elles, la société sera perdue, et les populations sans doute mourront de faim et de misère. Il faut donc, à les en croire, entraver le courant, et endiguer la pente fatale sur laquelle on glisse avec tant de danger. Au nom du salut publie, on demande la reconstitution des grands domaines, seule capable, dit-on, de subvenir à l'alimentation publique, c'est-à-dire non-seulement empêcher le paysan de continuer à envahir le sol cultivable, mais encore lui faire restituer la portion qu'il détient. Il n'y a pas d'autre manière de refaire les grands domaines. Essayons donc.

On ne veut certainement pas dépouiller de force les paysans ; personne n'a une telle intention, et l'on est bien convaincu que les fourches et les faulx, les torches et même les fusils chassepots, ou non, repousseraient toute tentative dans ce sens. Non, on ne veut pas prendre les biens des paysans ; mais alors on veut donc les acheter ? Eh bien ! nous pouvons garantir, sans nous poser comme prophète, que, ni aujourd'hui, ni demain, ni jamais, on ne viendra à bout d'arracher aux paysans la plus petite parcelle du sol dont ils sont propriétaires, et cela par une raison bien simple. On veut acheter ; c'est bien : mais le paysan ne vend jamais et ne vendra jamais, ce qui est peut-être encore mieux. Il a bien pu s'imposer toutes sortes de sacrifices pour en arriver à posséder un champ. Mais nous ne connaissons pas d'avantages qui puissent le décider à s'en dépouiller. Donc, de ce côté, difficulté insurmontable, impossibilité absolue.

Mais admettons, par supposition s'entend, que l'on soit venu à bout de reconstituer les grands domaines ; les voilà rétablis aujourd'hui. Mais, dès demain, meurt un des grands propriétaires laissant huit ou dix héritiers, et voilà le grand domaine divisé en huit ou dix petits domaines ; la loi des successions le veut ainsi. Puis, voilà le paysan qui recommence à devenir propriétaire ; car plusieurs héritiers, incapables de tirer bon parti de leur héritage, sont obligés de le mettre en vente. Tout naturellement, c'est le paysan qui achète. Nous n'avons pas à examiner, dans ce moment, si ce résultat est bon ou mauvais. Dans l'intérêt général, seul point de vue auquel nous ayons à nous placer, nous ne voulons que constater ce point : c'est que cela plaise ou déplaise, que cela contrarie ou non des intérêts particuliers, le courant est formé et, qu'on le veuille ou qu'on ne le veuille pas, il faut s'y laisser aller.

La propriété terrienne, jadis féodale, s'est beaucoup démocratisée, et sa possession par le paysan, en enrichissant son détenteur, l'a quelque peu élevé en dignité, et l'a fait entrer dans la démocratie, ou plutôt lui a fait faire quelques pas vers elle et lui en a ouvert les accès.

D'un autre côté, la liberté de l'industrie et du travail, en affranchissant les ouvriers industriels et des villes, les a lancés, d'un seul bond, en plein courant de démocratie. Et comme paysans et ouvriers, jadis exclus de toute participation aux affaires publiques et même à beaucoup d'affaires particulières, pèsent aujourd'hui d'un grand poids dans la balance des intérêts sociaux et jouissent d'une grande latitude pour la manutention de leurs affaires privées, il s'ensuit que tous ces travailleurs, formant au moins les deux tiers de la nation, composent le principal noyau de la démocratie qui est en formation. Il y a donc à en tenir compte et grand compte. Le courant, qu'on y prenne garde, est irrésistible. Dans peu d'années, il aura tout envahi et tout entraîné.

Faut-il s'y laisser aller sans résistance ? faut-il, au contraire, lui opposer un barrage, une digue quelconque, ou faut-il l'aider, le déblayer de tout ce qui peut l'obstruer et lui faciliter un écoulement doux et régulier, c'est-à-dire sans obstacles ni difficultés ? Ces questions sont, suivant nous, faciles à résoudre, et il est de l'intérêt bien entendu de tout le monde sans exception, que cette solution soit complètement dans le sens de la démocratie.

Tout ordre de choses établi et subsistant depuis

de longues années, quand il s'écroule et fait place à un autre ordre de choses qui cherche à s'établir, entraîne avec lui, dans sa chute, des habitudes brisées, des regrets du passé et des intérêts froissés. C'est inévitable ; mais l'humanité, dans sa marche progressive, ne s'arrête pas pour si peu ; autrement elle en serait encore à la barbarie et à la sauvagerie. Quand la publication des principes de 89 a commencé l'avènement de la démocratie, et quand celle-ci, cherchant à se dégager peu à peu du cahos où ses germes étaient semés, eut fait preuve de vitalité, et, avec le temps, manifesté sa toute-puissance par les effets déjà produits, il ne faut pas trop s'étonner des plaintes et des cris de quelques-uns contre l'envahissement de la démocratie qui s'affirme de jour en jour davantage.

En effet, avant 89 et même encore de longues années après cette époque, il y avait en France un assez grand nombre d'individus n'ayant jamais fait et ne faisant jamais œuvre de leurs dix doigts. Il fallait bien que d'autres travaillassent pour eux et fissent toute la besogne dont ils avaient besoin. Les serviteurs ne manquaient pas et ne coûtaient guère cher. Comme ils n'avaient pas les ressources nombreuses qu'ils ont aujourd'hui pour faire autre chose, les serviteurs étaient, il faut le dire, à la discrétion des maîtres, qui ne tarissaient pas d'exigences diverses et surtout demandaient obéissance passive à toute espèce d'ordres donnés par le maître, et la plus grande humilité des serviteurs non-seulement en sa présence, mais encore partout où il pouvait être question de lui. Certes, ces hommes privilégiés et ceux qui leur ont succédé ont pu et dû regretter le régime où ils puisaient de tels avantages personnels ; mais ce régime est mort et ne ressuscitera jamais.

Jadis, les serviteurs étaient rivés à leurs maîtres. Ils naissaient serviteurs, vivaient et mouraient serviteurs. Leurs gages étaient insignifiants, mais ils étaient nourris, logés et entretenus. Aujourd'hui, personne ne naît serviteur, tout le monde naît entièrement libre, personne ne subit plus la domesticité ; mais, comme il y a des hommes qui ont besoin des services des autres, et d'autres hommes qui ont le goût ou le besoin de servir, il intervient entre eux un contrat. Je travaillerai pour vous ou tant d'heures par jour, ou tant de jours ; je vous donnerai tout mon temps qui sera appliqué à tel travail et, en échange, vous me donnerez tant. Le prix est devenu considérable, en raison de l'élévation du salaire de tous les ouvriers. Un serviteur ne peut pas subir de rabais. Si on ne lui donnait pas assez et autant qu'aux ouvriers, il se ferait ouvrier au lieu de serviteur. Le temps convenu expiré, chacun de son côté cherche à se pourvoir ailleurs, s'ils ne tombent pas d'accord pour renouveler leur première convention.

Les choses en sont venues là peu à peu et par

l'effet successif des principes du nouveau régime, de telle sorte qu'aujourd'hui c'est d'égal à égal que traitent le maître et le serviteur, non pas comme autrefois de supérieur à inférieur, de maître à domestique. C'est bien là, ce nous semble, de la vraie démocratie. Chacun est bien libre d'en penser ce que bon lui semble et même de regretter le passé. Mais à quoi bon se faire du chagrin à ce sujet? Regrets superflus, jérémiades inutiles. Il n'est pas de puissance au monde capable de faire rétrograder d'une simple semelle la marche en avant. Que pourrait-on faire pour ramener les choses à leur premier état? Rien, absolument rien! On se briserait comme verre au moindre choc. Le plus sage est donc de se laisser aller au courant et de chercher, en s'y conformant, à s'arranger de manière à n'éprouver nous-mêmes que les avantages du nouveau régime, qui n'est, du reste, qu'à son commencement.

En province, on prend difficilement son parti à cet égard. Les serviteurs n'y sont pas, comme à Paris, une affaire de luxe; c'est une affaire de mœurs et d'habitude; on ne saurait comment faire pour s'en passer. Il faut là n'avoir pas 3 ou 400 fr. de revenu à dépenser par an et pour toute fortune pour se passer de serviteur quelconque. Quand la cherté du gage des serviteurs qui a beaucoup augmenté déjà, aura augmenté encore, il faudra bien que beaucoup de gens avisent aux moyens de s'en passer, ou tout au moins de prendre des arrangements. Mais à Paris, il y a déjà longtemps que l'on a avisé et que l'on a pris son parti. Les serviteurs sont chers. Eh bien! on s'en passe. Ils sont moins modestes et plus hautains qu'autrefois. Eh bien! on préfère s'en passer que de subir leurs exigences peut-être exagérées, et surtout leur morgue déplacée et leur insolence. Nous connaissons bon nombre de dames n'ayant pas moins de 25 à 30 mille francs de revenu, qui se passent de toute espèce de serviteurs. Nous connaissons plusieurs hommes dans le même cas : chacun fait son ménage et son appartement, cire, frotte, balaie, époussette, sans aucune espèce d'aide, ni bonne, ni femme de ménage, ni laquais, ni frotteur, ni décrotteur. Toutes ces personnes se félicitent du parti qu'elles ont pris, mais qu'elles font reposer, par un reste de vanité, sur l'exercice hygiénique. Il n'y a là, comme pour beaucoup d'autres choses, que le premier pas qui coûte. Peu à peu on s'habitue à cet exercice, disons plutôt à ce travail, qui devient un besoin et un agrément, en ce sens qu'il débarrasse de tous les soucis qui assiègent le domicile, quand il est envahi par les serviteurs même les plus honnêtes et les meilleurs.

Quand un principe est posé, il faut qu'il se réalise. Tout concourt à ce but, même les voies les plus contradictoires.

La féodalité a été abolie en 89, en même temps que la démocratie a été acclamée.

La féodalité ne s'est pas tenue pour battue et a cherché et réussi même à se reconstituer. Seulement elle a changé de terrain : au lieu de la féodalité terrienne, nous avons eu la féodalité financière qui a exercé de profonds ravages, aussi profonds et peut-être plus que ceux qu'exerçait la féodalité terrienne.

Mais ces ravages eux-mêmes aident à la constitution définitive de la démocratie. Les ruines servent à son édification.

En effet, l'aristocratie nobiliaire, qui profitait des bénéfices de la féodalité terrienne, avait pour antagoniste la bourgeoisie, qui profita, plus que toute autre classe, de l'abolition de la féodalité ; mais la féodalité financière s'est chargée de rogner la portion de la bourgeoisie et n'a pas eu de peine à en venir à bout.

Les manœuvres de la féodalité financière ont abouti à faire passer dans la poche de quelques croupiers tout l'avoir de la classe moyenne, c'est-àdire de la bourgeoisie. Aujourd'hui, vous avez quelques individus qui comptent leur avoir par centaine de millions ; mais comme ils n'ont rien produit, et qu'ils se sont contentés de tirer ces millions de là où ils étaient, il en résulte que la classe moyenne qui les possédait ne les a plus et est ruinée.

De force ou de gré, voilà donc la classe moyenne tout entière et la bourgeoisie enrôlées dans les rangs de la démocratie.

C'est ainsi que s'opèrent les nivellements, en exhaussant ce qui est trop bas et en abaissant ce qui est trop haut. Liberté, égalité ! En appliquant vigoureusement ces deux bases de la constitution de la France, la féodalité est détruite sous toutes ses formes, et la démocratie est installée sur des bases indestructibles.

Nous sommes en pleine démocratie. Que va t-il se passer ? Nous l'avons déjà dit et nous le répétons, l'éponge a été promenée sur le passé : pas de différends, par conséquent, pour cause d'origine. La recherche à cet égard établirait un conflit qui donnerait lieu peut-être à des scènes de violence et nécessiterait l'emploi de la force. La démocratie, c'est le droit, elle rejette la force.

Donc, chacun reste avec les richesses qu'il possède, de quelque manière qu'elles aient été acquises. Sous ce rapport, les féodaux plus que tous autres y trouvent tout avantage. C'est la consolidation entre leurs mains de leurs droits de propriété plus ou moins contestables. Seulement la législation et les institutions veilleront scrupuleusement à ce qu'ils ne s'en fassent pas un titre et un moyen d'exploiter qui que ce soit, et de faire travailler autrui à leur profit.

§ 4. — *République et démocratie.*

La plupart des citoyens ne se rend pas un compte assez exact de ce que c'est que la République et la démocratie. La République est par essence l'exclusion de tous les partis, de toutes les castes, de toute domination et de tout arbitraire. La démocratie est le droit appliqué à tous les citoyens, sans exceptions ni réserves, sans faveurs ni privilèges pour qui que ce soit.

Les partis sont encore nombreux en France, et n'ont pas encore renoncé tous à leurs prétentions respectives. Sous une monarchie, les partis s'agitent et réussissent souvent à s'emparer du pouvoir, en culbutant le parti qui le détient. C'est même là l'essence de la monarchie à la mode depuis quelque temps, c'est-à-dire la monarchie constitutionnelle. Ote-toi de là que je m'y mette est sa devise, et la bascule parlementaire est son principal moyen d'action. Que devient, à travers ces jeux de bascule, la masse de la nation ? Elle assiste au spectacle sans y remplir d'autre rôle que celui de payer les frais, qui, comme de raison, vont tous les jours en augmentant.

Sous la République, non pas même définitive et constituée, mais simplement provisoire et transitoire, qu'un parti lève la tête et émette des prétentions à la direction des affaires, immédiatement tous les autres partis et, en outre, tous les citoyens qui n'ont aucune attache avec aucun parti, se lèvent en masse pour repousser la tentative et rendre impuissantes les velléités manifestées par un parti quelconque. Et nous ne parlons pas seulement des partis monarchiques qui, ayant en vue, chacun de leur côté, et un personnel et des procédés antagonistes les uns aux autres, sont toujours en état de guerre entre eux ; mais nous y comprenons tout aussi bien les partis républicains, qui professent des doctrines antipathiques à la république vraie et réellement effective ; tels, par exemple, que le jacobinisme et le communisme.

Sous prétexte de républicanisme, il est encore des citoyens qui se figurent que l'exercice du pouvoir doit être l'idéal de l'homme, que si les 3[4 de la population sont malheureux, c'est parce qu'ils n'ont jamais eu le pouvoir en main et que, dès lors, tout sera sauvé s'ils forment un parti, et si ce parti devient dominant. La dictature est leur rêve et la domination par en bas remplaçant celle par en haut, leur panacée, c'est le parti que nous désignons sous la rubrique de jacobinisme. La République n'en veut pas et ne peut pas plus l'admettre que des partis monarchiques dont il est le reflet et, au fond, dont il a tous les vices, sans compter les vices qui lui sont particuliers.

Tout ce qui est entaché de communisme est répudié par la République, par une raison bien simple. D'une part, la base essentielle du communisme, c'est l'État, maître de tout, dirigeant tout, par conséquent le fonctionarisme avec toutes ses hiérarchies et par suite l'asservissement de tout le monde. D'une autre part, la République étant ou devant être l'affranchissement de tous les citoyens, leur libre arbitre, leur initiative, leur liberté, sans autres limites que la liberté d'autrui. Vouloir associer ces deux éléments même en si petite proportion qu'on le voudrait, c'est vouloir fondre ensemble le feu et l'eau. Donc une monstruosité et une impossibilité absolue, pour cause d'incompatibilité.

Avec et par la République ainsi comprise, par la force des choses et de la logique, il n'est pas possible d'éviter la démocratie. Tous les citoyens libres, tous égaux en droit, les droits constatés par la science et non par l'empirisme et l'arbitraire, la disparition des privilèges et des faveurs tant de nos codes que de nos administrations, constitueront la démocratie sur des bases indestructibles et même inattaquables. Et il en sera ainsi, qu'on le veuille ou qu'on ne le veuille pas, et malgré les prédilections particulières. Il faut en prendre son parti, et plutôt que de chercher à y mettre obstacle, s'accommoder d'un état de choses contre lequel on ne peut rien, quand surtout cet état de choses est irréprochable dans son principe et ne fait que réaliser la justice et la morale.

CHAPITRE II.

OPPOSITION.

L'autorité et la liberté se disputent le monde ; nous prenons parti pour la liberté contre l'autorité, et voici nos raisons. La liberté est l'élément indispensable de l'homme ; elle est son droit primordial, naturel et incontestable en principe ; l'homme naît libre dans toute la nature. La liberté est l'ordre général et universel, dans le temps comme dans l'espace. Tout être humain a, en principe, la liberté de l'existence, la liberté du mouvement, la liberté de conscience et de pensée, la liberté du travail, celle du négoce et de la spéculation, la liberté entière de sa personne, etc., etc. La liberté, en principe toujours, est absolue et n'a de limite que la liberté d'autrui, à laquelle il n'est permis à aucune autre de porter ou une atteinte ou une entrave quelconques. Ainsi le dit, ainsi le veut et le consacre la loi morale, c'est-à-dire la loi de relations des hommes entre eux.

Cette proposition est tellement vraie et tellement juste que l'on pourrait défier qui que ce soit de dire qu'un homme quelconque a le droit de dominer les autres, et que qui ce soit doive être assujetti à un autre homme, et mis sous sa dépendance à un titre quelconque. Donc, par la contre-preuve, notre proposition est démontrée : tout homme est libre, et aucun homme n'a le droit de s'assujettir les autres hommes.

Cependant, le fait, nous nous empressons de le reconnaître, semble donner et donne même effectivement un démenti au principe. Partout nous voyons la liberté de l'homme supprimée par la domination d'autres hommes. Partout, nous trouvons l'autorité mettant sa main de fer sur la liberté, c'est-à-dire la force primant le droit. C'est ainsi que des hommes en maintiennent d'autres en esclavage chez beaucoup de nations. Que chez un grand nombre d'autres nations, même en Europe, le régime de la féodalité réduit la majorité de la population à l'état de vassale de quelques privilégiés ; que des monarques sont investis du droit de déclarer la guerre, c'est-à-dire d'envoyer un nombre monstrueux d'êtres humains à la boucherie des champs de bataille, du droit de faire des traités de commerce, c'est-à-dire de ruiner des commerçants et d'en enrichir d'autres, de nommer seuls, à tous les emplois et à toutes les fonctions publiques, depuis le plus haut fonctionnaire de l'État, jusques et y compris le garde champêtre du village le plus infime, c'est-à-dire de concentrer sur leur seule tête toute l'autorité publique, etc., etc., et tant d'autres exemples que nous pourrions citer et qui prouvent que le principe et le fait sont en contradiction flagrante.

Cet état de contradiction entre le principe et le fait dénote une situation anormale qui, nécessairement, engendre des difficultés inextricables, et des désordres sociaux qui ne peuvent évidemment cesser que par la rectification et l'accord du fait avec le principe : ce qui nous explique ces révolutions dont toutes les annales de tous les peuples sont remplies, par suite et par l'effet des revendications incessantes de la liberté contre l'autorité. Il serait peut-être bon de rechercher comment et pourquoi l'autorité s'est ainsi, disons presque partout et en toutes choses, substituée à la liberté; mais cela nous entraînerait trop loin : qu'il nous suffise de constater cette substitution, et en même temps les revendications incessantes de la liberté, ainsi que la reprise par celle-ci des droits usurpés sur elle par l'autorité. Si, en effet, nous consultons l'histoire de tous les peuples, et notamment celle des peuples les plus pourvus d'instruction, nous y assisterons aux combats incessants entre la liberté et l'autorité, et aux conquêtes successives et progressives de la liberté sur l'autorité. Ces combats dureront tant que la question ne sera pas ramenée à son état normal complet, c'est-à-dire jusqu'à ce que l'accord soit complet entre le principe et le fait.

Comme les conquêtes de la liberté sont lentes,

difficiles et surtout bien incomplètes encore, et que, cependant, il importe essentiellement à l'ordre public, suivant nous, qu'elles s'opèrent promptement, avec facilité et complètement. Par esprit d'ordre, par raison et par les entraînements de la logique et de la science sociale, nous avons été conduit à prendre parti pour la liberté contre l'autorité, et, en à peu près toutes les circonstances, à nous placer dans les rangs de l'opposition, c'est-à-dire dans ceux de la résistance aux envahissements anciens ou nouveaux de l'autorité.

Il y a tout lieu de croire que nous n'aurons jamais occasion de nous retirer de ces rangs de l'opposition, par la raison bien simple que longtemps encore, toujours peut-être, l'autorité persistera dans le maintien de tout ou partie de ses prérogatives, et que, dès lors, le principe de liberté aura longtemps encore besoin d'être défendu contre le fait autorité.

Mais, ne manque-t-on pas de dire, de la part des partisans quand même de l'autorité, il n'y a pas de société possible sans autorité; de tout temps et en tout lieu, les hommes ont adopté comme principe l'autorité, et l'ont appliqué en tout et pour tout. Sans autorité, pas d'ordre social. Examinons.

Quand une nation confie à un général les armées qu'elle envoie combattre un ennemi, elle ne peut pas se dispenser de confier en même temps à ce général tous les pouvoirs, toute l'autorité qui lui sont nécessaires, pour mener à bonne fin la guerre que l'on entreprend. Aussi, tout général en chef d'une armée est-il pourvu du droit presque absolu de commandement. Et l'armée est tenue d'obéir, même sans réflexion, aux ordres qui lui sont donnés par le général et transmis par les officiers et sous-officiers.

Que la même nation veuille charger un architecte de construire pour elle un monument public, un palais, un temple ou un pont, nécessairement, pour que cet architecte puisse accomplir son œuvre, il faut qu'il soit revêtu de tous les pouvoirs nécessaires à son accomplissement. Il faut qu'il puisse commander les matériaux, les faire travailler, les faire mettre en place ; il faut que l'architecte ait le pouvoir de commander et de donner tous les ordres qui rentrent dans sa compétence. Il faut, en un mot, qu'il soit revêtu de l'autorité sans laquelle il ne viendrait jamais à bout d'accomplir l'œuvre dont il a l'entreprise.

Pour la réparation des crimes et délits qui se commettent journellement et qui, malheureusement, se commettront toujours, comme pour mettre fin aux différends des citoyens entre eux, la société a confié ce soin à des hommes spéciaux, à des magistrats que l'on désigne par le nom générique de la justice. Il est évident que, pour que l'action de la justice soit efficace, il faut que la justice soit armée du pouvoir, de l'autorité capable d'assurer l'exécution de ses décisions et des mesures qui rentrent dans ses attributions.

La nation fait administrer ses finances par une administration spéciale. Il faut bien que cette administration soit revêtue des pouvoirs, de l'autorité, nécessaires pour gérer les finances, toucher, d'une part, les impôts et contributions, et payer, d'autre part, les dépenses publiques ; autrement les hommes chargés d'une pareille gestion se heurteraient à chaque instant contre quelques difficultés et se briseraient contre une foule d'impossibilités.

Ainsi en est-il dans une foule d'autres circonstances qu'il serait trop long et, dès lors, inutile de relever ici. Ces exemples sont suffisants pour constater ce fait, que partout et en toutes choses il est fait application de l'autorité, et que, sans cela, il y aurait impossibilité de faire quoi que ce soit et de mener à fin aucune entreprise, aucune opération, aucun travail. Nous le reconnaisssons et nous le constatons ; mais on reconnaîtra aussi avec nous et l'on devra constater un point de la plus haute importance, qui nous est révélé par les faits eux-mêmes que nous avons pris pour exemple, et le serait également par tous les autres exemples que nous aurions pu citer, mais que nous passons sous silence, pour ne pas trop tomber dans des longueurs inutiles.

Chacun de ces faits nous prouve que, s'il a besoin de pouvoir, d'autorité pour son accomplissement, cette autorité doit être spéciale comme le fait auquel on a besoin de l'appliquer, et parfaitement déterminée. C'est ainsi que l'autorité, les pouvoirs à confier au général d'armée ne peuvent pas du tout être les mêmes que ceux de l'architecte, de la justice, du financier, pas plus que ceux du financier ou de la justice ou de tout autre ne peuvent être les mêmes que ceux d'un autre ordre de faits. Donc, en conclurons-nous, l'autorité doit essentiellement être spéciale.

Aurons-nous besoin ensuite d'insister beaucoup pour faire admettre que, dans tous les cas sans exception, l'autorité doit être parfaitement déterminée ? Elle doit être aussi catégorique et sans louche ni indécision. Il est bien évident que l'autorité du financier, restreinte au maniement, à la perception et à la répartition des finances, ne peut avoir rien de celle confiée au général d'armée, à la justice et aux travaux publics. Si l'on nous concède tout cela, et il faut bien, logiquement, que l'on nous fasse cette concession ; nous serons bien prêts de nous entendre, en conciliant l'autorité avec la liberté.

La liberté est de droit naturel, et le principe essentiel de l'humanité. D'un autre côté, l'ordre public exige une aliénation partielle par les citoyens de leur liberté, et toutes choses sociales réclament une autorité suffisante pour leur fonctionnement, indispensable au profit de la société. La logique nous dit donc ceci : Il faut revêtir tous les agents, tous les instruments de la société, de l'autorité dont ils ne peuvent pas se passer. Mais aussi, comme c'est un mandat que leur donne la société, ce mandat doit essentiellement être spécial, parfaitement déterminé et catégorique, et surtout révocable à la volonté du mandat qui, dispensateur de l'autorité, doit en accorder tant qu'il est nécessaire, mais n'a pas le droit d'aliéner sa propre liberté et, par conséquent, de donner une extension trop grande à l'autorité qui émane de lui.

L'on doit remarquer que, dans ces termes, l'autorité ne viole en rien le principe liberté. Là où elle est dangereuse pour la liberté, c'est dans ses attributions dépassant les limites de l'indispensable ; c'est dans le cumul et son application sur la même tête à plusieurs et souvent à presque toute les spécialités. Qu'on lise toutes les Chartes royales et la plupart des Constitutions, on y verra que le chef du gouvernement, roi, empereur, président et chef de l'exécutif, a seul le droit : 1° de déclarer la guerre ; 2° de faire les traités d'alliance et de commerce ; 3° de rendre la justice ; 4° de nommer à tous les emplois publics, depuis les ministres jusqu'aux gardes champêtres, etc., etc. Ce cumul de tant de fonctions, de tant de droits, de tant d'autorité, est, que l'on nous permette de le dire, une absurdité et une cause permanente de désordres sociaux ; c'est une calamité contre laquelle proteste et s'insurge sans cesse l'esprit de liberté. C'est une autorité excessive à laquelle la liberté compromise résiste par une opposition bien naturelle et bien juste, et résistera tant que l'autorité ne sera pas vaincue et remise à la seule place qu'elle puisse occuper.

En résumé, l'autorité doit être réduite à sa plus simple expression, à son rôle indispensable, aux nécessités les mieux constatées. La liberté, au contraire, doit recevoir toute l'extension dont elle est susceptible, ne devant, comme nous l'avons dit plus haut, avoir de limites que la liberté d'autrui. Que dans les cas spéciaux où il est nécessaire, indispensable même de conférer de l'autorité, que l'on en confère tout ce qu'il faut, rien de mieux, rien de plus juste. C'est aux agents sociaux qui en ont besoin de faire leurs réclamations, sauf à la liberté à les examiner et à leur faire droit, où à les rejeter. Tant que, soit personnellement, soit dans l'intérêt public, nous ne nous sentirons pas le besoin de nous appuyer sur l'autorité, nous resterons dans le camp de ceux qui la surveillent, et même la combattent, au nom et dans l'intérêt de la liberté.

Il n'est pas aisé de passer d'un camp à l'autre camp. Nous voyons tous les jours des hommes, qui, après avoir, pendant la plus grande partie de leur existence, soutenu la liberté contre l'autorité, arriver au pouvoir et prendre en mains les armes de l'autorité. Quelle figure font-ils ? Généralement, tristes et déplorables figures. Obligés de changer de peau, ils sont, à chaque pas qu'ils font, en contradiction avec eux-mêmes, avec leurs doctrines passées. Les hommes de la liberté ne peuvent pas être ceux de l'autorité. La liberté et l'autorité sont deux adversaires, difficiles sinon impossibles à concilier, et toujours aux prises l'un avec l'autre. Il ne faut pas songer à les confondre dans le même embrassement.

L'autorité est essentiellement et foncièrement envahissante. Donnez-lui un mètre de pouvoir, elle en a bientôt pris deux, puis encore et toujours, avant qu'elle arrive à la satiété. Rien qu'en raison de cette tendance persistante à l'envahissement, l'autorité a besoin de trouver, pour l'arrêter en route, les empêchements de la liberté, non-seulement un contrôle sévère, mais une résistance impitoyable. Que d'autres se fassent les champions de l'autorité, nous croyons être plus qu'eux dans le vrai, en nous maintenant dans le camp de la liberté.

L'autorité, en outre de ce qu'elle a été essentiellement envahissante, a toujours su s'organiser par elle-même, se maintenir et se défendre toute seule, avec d'autant plus d'efficacité, qu'elle en a toujours eu en mains les moyens et la puissance. Aussi sommes-nous profondément convaincu qu'il ne saurait être apporté trop de défiance envers les combinaisons, les prétentions et les prétextes ou les causes de l'autorité. Il ne faut rien lui concéder, sans l'avoir scrupuleusement épluchée, et sans, comme nous le disions tout à l'heure, l'avoir circonscrite dans une spécialité parfaitement déterminée par un mandat toujours révocable.

En un mot, nul acte humain ne pouvant être accompli sans que l'acteur soit pourvu de tout le pouvoir, de toute l'autorité nécessaires à son accomplissement, il serait absurde de rejeter d'une manière absolue l'idée d'autorité qui, dans ce cas, peut être rangée dans la catégorie des principes. Nous dirons donc que, dans ce cas spécial et déterminé, l'autorité est, comme la liberté, un principe; mais ce n'est pas une raison pour étendre ce principe au-delà de sa portée logique et surtout de le gâter par le cumul de plusieurs branches d'autorité; car c'est le cumul de l'autorité qui rend celle-ci dangereuse en lui faisant porter atteinte à la liberté générale.

La liberté est autrement féconde en résultats sociaux que l'autorité. Sous la férule d'une autorité trop étendue, toute initiative individuelle est paralysée et, dès lors, tout progrès arrêté par la routine et le mauvais vouloir autoritaire. L'autorité excessive est, sous tous les régimes, aussi calamiteuse que le tout à l'État et par l'État des sectes communistes; c'est exactement la même formule et la plus dangereuse envers la société. Aussi, voyez l'empire avec son pouvoir absolu, son autorité sans bornes : ce n'était pas autre chose qu'une des nombreuses nuances du communisme. Mais la liberté est là qui veille et saura bien empêcher désormais ces concentrations délétères d'une autorité excessive et non réglée par un mandat spécial et révocable en tout temps. Il y a déjà longtemps que les peuples éclairés sont en train de travailler à réduire l'autorité à sa sa plus simple expression. Il ne leur faut pas de trop grands efforts désormais pour atteindre complètement le but ; mais qu'ils y travaillent sans relâche.

CHAPITRE III.

GOUVERNANTS ET GOUVERNÉS.

La question sociale, toujours posée depuis qu l'humanité existe, se ravive dans ce moment e s'agite de toutes parts avec passion et avec aigreur Les systèmes se produisent et se contredisent, le discussions s'enveniment et jettent un certai trouble dans les esprits. La réaction s'en réjouit e trouve là un prétexte en sa faveur, et l'occasio de faire peur aux esprits faibles et aux ignorants La dictature y puise sa raison d'être et le progrès est entravé dans sa marche. Le résultat est, il fau le dire de suite, ce qu'il doit être ; s'il était autre il serait déplorable, et la civilisation n'aurait pas fait un pas en avant.

Les difficultés sociales sont toutes nées des sys tèmes, des plans, des combinaisons plus ou moins ingénieuses qui ont été imposées aux hommes sous forme de lois, d'ordonnances, de prescriptions administratives et même de pratiques usuelles qu l'on rendait obligatoires. Elles sont nées égalemen des systèmes invers, c'est-à-dire qui, au lieu d prescrire, proscrivaient et se signalaient par de prohibitions sans nombre. Ordonner et défendre, tel a toujours été la marche suivie, et, pour mieux l'assurer, on en a confié la direction à des gouvernants revêtus de pleins pouvoirs, appuyés sur la force publique, et dont l'autorité a toujours été parfaitement secondée par l'ignorance et l'apathie des masses aimant à être gouvernées.

Presque toutes les critiques adressées aux mesures que l'on impose aux hommes sont fondées. Tout le monde à peu près y souscrit, et personne ne se présente pour en faire l'apologie. Mais une mesure est-elle proposée pour remédier à un état de choses reconnu vicieux et mauvais, cette mesure soulève non-seulement des critiques, mais des tempêtes et des appréhensions effrayantes, et toujours il en a été ainsi. Il doit y avoir une raison et une raison transcendante à cela. Cherchons-la.

Aucune mesure, aucune combinaison ne peut être une panacée universelle, ni le dernier mot de la civilisation, du progrès et de la science sociale. Elles ne l'ont pas été dans le passé, tant s'en faut; elles ne le seront pas davantage dans l'avenir. Les critiques portent juste sur celles du passé et du présent; les appréhensions sur celles de l'avenir ne portent pas à faux, et voici pourquoi les unes comme les autres sont fondées en droit et en raison.

Toutes les institutions du passé sont plus ou moins vicieuses, parce qu'elles portent aux principes : liberté et égalité, plus ou moins d'atteintes. Tous les plans de réforme que l'on propose sont plus ou moins vicieux, par cette même raison qu'ils violent plus ou moins les principes : liberté, égalité. Il s'agit, maintenant que cette proposition est posée, de la justifier. Nous la résumons en deux mots : toute mesure imposée ou prohibée par ordre du gouvernement est un empêchement à la solution de la question sociale.

Celle-ci, avons-nous besoin de le dire, est exclusivement économique, c'est-à-dire embrassant la production, la circulation et la consommation des produits, et se réduisant aux rapports entre tous les agents de l'économie sociale.

Ajoutons, pour ne rien oublier, que tous les plans de réforme qui sont proposés sont plus ou moins entachés d'un autre vice capital et qui consiste à recourir à l'État, c'est-à-dire au gouvernement, comme dispensateur obligé de la manne qui doit amener les peuples à la prospérité. C'est là un vieux reste des idées communistes dont les études philosophiques de ces dernières années auraient dû empêcher le retour comme jugés et condamnés définitivement. Mais le vieux levain subsiste toujours. Il faut donc le scruter encore pour l'extirper complètement après mieux informé.

Qu'est-ce que l'État ? C'est tout le monde. Ce n'est pas un être à part, en dehors de la société, avec des intérêts particuliers et différents de ceux des hommes qui composent la société ; c'est la collectivité et la représentation de la généralité des citoyens. Un réformateur se présente et demande que l'État approuve ses plans et les impose aux gouvernés. De deux choses l'une : ou les particuliers, les citoyens adoptent tous ces plans, il n'y a pas besoin alors du concours de l'État, ou les citoyens, dans leur particulier, rejettent tous, ou en très-grande majorité, les plans proposés. Le recours à l'État est alors visiblement inutile, tous ne feront pas ce que chacun réprouve ; c'est absurde dans un cas comme dans l'autre. Et d'ailleurs, l'État ne possède rien ; pourquoi lui demander de donner quelque chose ? Il est impuissant.

En théorie et en principe, l'État n'est que la contribution par chaque citoyen aux charges et aux devoirs communs ; c'est la totalité des citoyens, c'est l'addition de toutes les individualités ; le gouvernement est la personnification de la volonté générale, l'agent actif et le gardien des droits et devoirs de la collectivité. En fait, l'État et le gouvernement sont toute autre chose ; mais l'ordre social exige et obtiendra que le principe se réalise. En attendant, voici, par rapport à la question sociale, ce qui se passe.

Des réformateurs ont conçu des projets parfaitement combinés au sujet des principaux points de l'économie sociale. Les projets sont très-nombreux à cet égard, les élucubrations les plus savantes se sont produites en très-grande quantité. Le plupart de ces projets de réforme ont pu être jugés *a priori* et sans l'expérience. C'est ainsi que l'un de ces projets rapportant tout à l'État, il était aisé, par simple déduction logique, de prédire d'avance qu'il aboutirait au despotisme, à la dictature, à moins qu'une révolte du bon sens des gouvernés n'amenât la dissolution sociale et le retour à des errements plus conformes aux principes de liberté. C'est encore ainsi qu'un autre projet fondé sur l'association du travail, du capital et du talent, était condamné d'avance par la raison bien simple, que les fondateurs comprenaient par talent, non le savoir spécial au travail, mais le savoir mystique d'une école fantastique ; de telle sorte que, pour diriger le labour d'un champ, ils prenaient non pas un agriculteur ou un laboureur, mais un des prêtres de l'école, de son métier fabricant de chapeaux en poils de lapin. Une autre raison encore, c'est que les trois éléments de l'association proposée ont une efficacité très-mauvaise s'ils sont séparés, mais très-bienfaisants quand ils sont réunis sur une seule et même tête. Ce n'est plus alors une association qu'il faut organiser, mais un cumul, une réunion sur chaque individu.

Sur les grands problèmes sociaux, c'est-à-dire les rapports du travail avec le capital et la consommation, le crédit, etc., etc., des projets nombreux existent et ne peuvent être ni acceptés ni rejetés *a priori;* ils ont besoin de l'expérience pour être sainement appréciés. Expérimentons alors.

Mais là nous sommes arrêtés net. Nous nous trouvons en face de privilèges, de monopoles, de concessions gouvernementales, de faveurs et d'avantages spéciaux pour les uns et en même temps de restrictions, de prohibitions, d'entraves et de difficultés sans nombre pour les autres : d'un commun accord, tout le monde prône, par exemple, l'association ; mais il se trouve que tout, dans la législation, dans l'administration et dans la police judiciaire, favorise l'association des grands et des puissants de la terre, tandis que tout empêche l'association des petits et des faibles. Quelle signification peut donc avoir un fait de cette nature ?

Cela veut dire, et par là notre proposition se trouve démontrée, que les atteintes portées aux principes : liberté, égalité, sont évidentes et rendent impossibles toutes les améliorations et toutes les réformes proposées par les novateurs. Il y a donc une réforme indispensable et préalable à opérer, comme d'ordre supérieur : c'est celle de toute la législation qui consacre des violations de la loi primordiale et sacrée de liberté et d'égalité. Quand cette opération préliminaire aura été accomplie, quand régnera exclusivement cette loi de liberté et d'égalité, il nous semble que disparaîtront une une foule, pour ne pas dire toutes les difficultés contre lesquelles viennent aujourd'hui se heurter et se briser tous moyens de rétablir l'ordre dans l'économie sociale si gravement troublée.

Prenons les relations entre le travail et le capital. Le travail a besoin d'outils, d'instruments, de matières premières, que, la plupart du temps, il ne possède pas. Pour se les procurer, il est obligé d'avoir recours au capital. Le capital, organisé en monopole et en privilège, fait les conditions dures, quelquefois exorbitantes, que, dans l'état des choses, le travail est bien forcé de subir. Mais le travail pense avoir trouvé le moyen, non pas de se passer du capital, mais de s'en former un à l'aide de ses seules ressources. Eh bien ! qu'il s'en passe. Mais le régime tout entier est organisé de manière à fermer au travail toute initiative, et à former un obstacle infranchissable à toute amélioration de son sort. Le travail, alors, tourne dans un cercle vicieux et est réduit à l'impuissance.

Les vices sociaux sont évidents et incontestables; le régime que subit la société enfante des oppresseurs et des opprimés, des exploiteurs et des exploités, des hommes travaillant sans pouvoir consommer, et d'autres consommant sans produire. C'est l'effet fatal de la violation des lois : liberté, égalité. Tant que cette violation sera non pas légitime, mais légale, c'est en vain que ceux qui souffrent de ce régime essaieront d'y apporter des modifications et des améliorations. Tous leurs projets, leurs plans, leurs combinaisons sont mort-nés, si même ils ne servent pas de prétexte à une aggravation dans les conditions du régime existant. L'ordre social est dans le plus grand trouble ; il ne peut se rétablir que par une mesure supérieure ; celle de l'application absolue des lois : liberté égalité.

Sans cette mesure préliminaire et préalable, il ne faut pas espérer arriver à aucune solution. Les intérêts que froisserait toute innovation, se cramponnant à la légalité du régime dont ils bénéficient, feront échouer toute espèce de tentative. Mais, cette mesure accomplie, le terrain change complètement. Les citoyens, libres d'expérimenter leurs conceptions, n'auront qu'une épreuve à subir, celle de l'opinion publique. Ou elle les accueillera, ou elle les rejettera. Si elle les accueille, leur fonctionnement est assuré et leur succès certain ; si, au contraire, elle les rejette, il y aura chose jugée, et il n'en sera plus question ; on passera à autre chose. On comprend, sans que nous soyions obligé de le démontrer, comment les plus importantes innovations peuvent s'établir sans trouble, sans crise et sans désordre, et se substituer aux errements désastreux qui nous régissent. Une mesure bonne entre d'elle-même dans les faits et dans la pratique par le simple assentiment du plus grand nombre ; une mesure mauvaise ne fait pas son chemin et s'arrête d'elle-même, à défaut de ressorts.

Les points les plus difficiles à résoudre dans le

problème social sont sans doute ceux ayant trait aux relations du capital et du travail. Nous répéterons, à ce sujet, ce que nous disions plus haut. Il n'y a rien à demander à cet égard à l'État ni au gouvernement. L'initiative seule des citoyens peut avoir de l'efficacité. Le commanditaire du travail ne saurait être l'État, mais bien la consommation. Production et consommation sont solidaires, comme ils doivent s'équilibrer.

Contrairement à cette doctrine qui fait tout découler de la liberté et de l'égalité, il y a, dit-on, des gens qui émettent celle-ci, par exemple, que l'État doit à tous les citoyens la vie et le travail. Comme moyen, ils proposent le partage des terres par égales portions, attendu que si les terres sont appropriées et entre les mains de quelques privilégiés seulement, les non-possédants sont privés de travail et ne peuvent vivre. Ce n'est plus là seulement de l'économie sociale, c'est aussi de la politique, et le mariage de l'une avec l'autre ne serait pas très-heureux. L'économie se régit par le droit, la politique par le fait. Nous examinerons le droit tant qu'on voudra, nous le passerons à toutes les étamines, nous le discuterons sous toutes ses faces ; mais, pour le fait, nous le livrons à ceux qui le mettent en avant. Voyons-les à l'œuvre.

Un décret, une loi, ou quoi que ce soit, nous supposons, est rendu sur leur demande, et prescrit le partage des terres par égales portions, il s'agit de réaliser la mesure. Nous ne croyons pas que cela puisse s'accomplir sans de monstrueuses difficultés, sans la plus vive résistance, sans coups de fusils, sans des torrents de sang, mais enfin nous le supposerons opéré. Il y a en France tant d'hectares de terre et tant d'habitants ; cela fait pour chaque habitant tant d'hectares, à peu près un hectare par personne ; mais la possession de la terre ne suffit pas pour constituer la richesse ; c'est la production qui enrichit le travailleur. Chacun va donc travailler son hectare de terre. Nous ne savons pas au juste ce qui se passerait alors dans ce pays imaginaire ; mais il nous semble que la plus grande partie des nouveaux possesseurs du sol se trouverait bien embarrassée pour le cultiver et le faire produire. Il y a bien des gens qui n'y entendraient rien et ne sauraient comment s'y prendre ; beaucoup aussi qui n'auraient ni les outils, ni les instruments nécessaires, ni les semences, ni les engrais, ni, etc., etc. Comment s'y prendre alors ? Affermer ? Oh ! non, c'est impossible ; on a voulu des terres à soi, ce n'est pas pour cultiver celles des autres.

Les vendre ; mais d'abord que devient le partage ? Nous retournons à la situation actuelle. Les uns possèdent, les autres ne possèdent pas. Ensuite, qui achètera, qui peut acheter ? Évidemment, le laboureur, le paysan. Il n'y a que lui qui puisse exploiter la terre convenablement ; la terre est le métier sur lequel il travaille, il doit posséder son métier ; il le comprend bien ainsi, et il n'est pas de sacrifices qu'il ne fasse pour en arriver là. Mais ce mouvement est en pleine activité. Depuis 89, une grande partie des laboureurs s'est rendue adjudicataire de la plus grande portion du sol cultivable. Encore quelques années, et le tout appartiendra aux laboureurs, bien plus efficacement que par le partage.

Et puis, le sol n'est pas le seul bien : les machines, les usines, les ateliers sont aussi des biens. Si l'on partage les biens, il faut tenir compte de tout. Partagez donc, et vous verrez.

Le partage, les partageux sont une absurdité dont on a fait une machine de guerre dans l'agitation des partis ; c'est un épouvantail contre les novateurs, c'est le vieux chapeau qu'on met dans les cerisiers, à la saison des cerises, pour épouvanter les oiseaux. Les gens sensés en rient, mais les niais et les ignorants s'en effrayent : ce n'est pas sérieux.

En matière économique, les rapports entre les citoyens, le gouvernement et l'État, sont bien simples. L'État ne doit rien à personne, il n'a rien en propre ; si l'on en faisait un débiteur, ce serait un débiteur insolvable ; il ne peut figurer dans les affaires économiques qu'à titre de police pour faire respecter la loi, loi commune et générale, dégagée de toute atteinte à la liberté et à l'égalité des citoyens, et pour faire exécuter les conventions librement arrêtées par les citoyens dans les cas où l'intervention de la force publique devient nécessaire par le mauvais vouloir des contractants.

Un Code bien simple, bien clair et bien court, s'appliquant à tout et à tous pour réprimer les fraudes, les dols et les actes de mauvaise foi, c'est tout ce que les citoyens peuvent non pas demander, mais confier à des gouvernants. Mais alors, ce n'est plus un gouvernement quelconque qui convient, c'est tout simplement de la police et de la judicature ; c'est la destruction de l'État, entendu dans le sens de maître des destinées des citoyens.

L'État n'est jamais que l'expression de la personnalité de ceux qui dominent et qui s'imposent non pas par le nombre, mais par l'adresse et par la force, quoique formant une minorité presque imperceptible. L'État est un système, la solution du problème social ne peut se trouver dans un système. Par conséquent, cette solution n'avancerait pas, par la substitution d'un système à un autre, quel qu'il puisse être. C'est là, il faut le dire en passant, une des grandes erreurs de presque tous les novateurs, de se figurer que, pour améliorer l'ordre social, il suffit de remplacer les chefs de l'État imbus de certaines idées et représentant certains systèmes par d'autres imbus d'autres idées et représentant un autre système. C'est tomber de Charibde en Scylla et le moyen de ne jamais aboutir.

Si votre plan, vos vues, vos projets, en un mot,

votre système est bon ; s'il répond à toutes les conditions de la loi sociale, il s'impose par lui-même : pas besoin alors d'État, de gouvernement et surtout de gouvernants, pour l'imposer à la généralité, à l'universalité des citoyens, et le faire adopter, puisque on l'adopte de bonne volonté et d'un commun accord, en toute liberté et en pleine connaissance de cause.

Conclusion : plus de gouvernants et partant plus de gouvernés ; application rigoureuse en tout et partout, envers et contre tous, des principes fondamentaux : liberté, égalité. La solution du problème social ne peut se trouver que là.

CHAPITRE IV.

DOMINATION.

La République... « C'est encore ce qui nous divise le moins, » parole célèbre de Thiers en 1848. Mais, sans doute, la République et surtout la démocratie sont ce qui divise le moins les citoyens, par la raison bien simple que c'est la réduction de tous les partis et, dès lors, leur fusion, et que c'est l'annulation de toutes les dominations, ou leur conversion en une seule, celle de tous, par conséquent celle de personne.

La France a subi toutes les dominations ; elle les a expérimentées toutes successivement les unes après les autres ; et voici quels ont été les résultats.

La domination de l'aristocratie nobiliaire a été déplorable, parce qu'elle écrasait la bourgeoi ie, en même temps qu'elle rivait les fers du prolétariat, c'est-à-dire des paysans et des ouvriers.

La domination de la bourgeoisie, remplaçant celle de la noblesse, a été calamiteuse, en ce sens qu'elle a maintenu les abus de la domination nobiliaire, dont seulement la bourgeoisie s'est approprié les avantages au profit d'une aristocratie tirée de son sein, nous voulons dire l'aristocratie financière. En d'autres termes, l'avènement de la bourgeoisie ne s'est signalé que par l'égoïsme des parvenus, par la prépondérance des écus et par l'exclusion méthodique et calculée des paysans et des ouvriers.

La domination des paysans, sous le dernier empire, a été désastreuse, puisqu'il est évident que les paysans, en soutenant seuls et contre tous le nouvel empire, ont amené tous les désastres, toutes les catastrophes qui ont mis la France à deux doigts de sa perte, l'ont ruinée pour longtemps, couverte d'humiliations et de ruines, et surtout précipitée dans une démoralisation déplorable, dont elle aura bien de la peine à se relever. La domination des paysans par l'empire, ou, si l'on veut, de l'empire par les paysans, n'est qu'un immense désastre.

Enfin, la domination des ouvriers serait un désastre non moins grand que celui produit par la domination des paysans. Nous disons : serait, car nous hésitons à porter à son compte le fléau qui s'est produit sous le nom de Commune, et qui certainement n'est pas le dernier mot des ouvriers. Mais que nous ayions ou non été mis à même de l'apprécier par des faits, nous pouvons *a priori*, et sans recours à l'expérience, l'apprécier à sa juste valeur. C'est pourquoi nous disons de suite, et sans avoir besoin d'expliquer et de justifier cette proposition, que la domination des ouvriers serait un déplorable désastre. Pas n'est besoin de l'expérimenter.

Avec les habitudes et les mœurs monarchiques de la nation, il est peut-être assez difficile à chacun de se pénétrer de cette idée, que la république et surtout la démocratie sont la réduction de tous les partis en un seul, le parti de la justice. Les partis se jalousent les uns les autres. Si l'un domine, il ameute tous les autres contre lui ; de là des troubles continuels, des révolutions toujours imminentes. Que l'on ôte de l'arène cette idée de domination, que l'on rende impossible toute prépondérance, tous chassez-croisez, ôte-toi de là que je m'y mette, et l'on produit naturellement la concorde, la tranquillité et l'ordre. Il n'y a que par la république et la démocratie que l'on peut obtenir ces résultats.

Pas de domination par qui que ce soit et sur qui que ce soit, la domination de tous et de chacun et par conséquent la domination de personne, il faudra peut-être bien des années pour que tous les citoyens se mettent cela dans la tête ; mais, en attendant, ceux qui en sont bien pénétrés, ne doivent jamais cesser de le dire et surtout d'en donner l'exemple.

Il fut bien coupable l'homme qui, le premier, ayant été doué par la nature d'une force supérieure à celle des autres, en usa pour s'assujettir un d'abord, puis plusieurs de ses concitoyens. Il croyait peut-être ne donner qu'une preuve d'un égoïsme barbare; mais il commettait un des crimes les plus compromettants pour l'humanité. A dater de ce jour, l'humanité a été vouée à une discorde incessante, aux désordres, aux haines, aux guerres les plus acharnées, aux désastres et aux calamités sans fin. L'histoire est là pour nous en fournir la preuve incontestable.

Eh quoi ! voilà des hommes que leur faiblesse native convie à se former en société, qui se rapprochent les uns des autres, avec la confiance que, du moins, par un accord tacite, sinon écrit, la vie de chacun, sa liberté, ses droits égalitaires seront sauvegardés et respectés, et qui, tous imbus d'une répugnance non douteuse pour toute espèce de domination, sont cependant réduits à subir tous, ou le plus grand nombre, la domination de quelques-uns. Il faut avouer que c'est révoltant pour la raison et pour l'esprit de justice.

Il a fallu à ceux qui ont tenté l'épreuve une grande audace, une force excessive et une astuce bien profonde, pour atteindre leur but. Pourquoi dominer? Nous allons le dire. Le vrai, le seul motif, c'est de faire travailler les autres et de vivre de leur travail. La vanité, l'orgueil de commander et d'être obéi peuvent bien y être pour quelque chose; mais le principal, sinon le seul mobile, a été dès le commencement, dans la suite des temps et encore aujourd'hui, l'exploitation par quelques-uns du travail des autres, c'est-à-dire du plus grand nombre. Nous ne devons pas, ce nous semble, avoir besoin de justifier par des preuves cette proposition, qui est, suivant nous, incontestable, et toute prouvée dans l'histoire.

L'exemple donné par quelque hardi bandit sembla bon à suivre à plusieurs autres. Il est si commode, sans se donner la peine de travailler, de recueillir d'immenses provisions de produits en tous genres. Il est si doux de beaucoup consommer, de se donner des jouissances faciles, de se donner du repos et des loisirs, quand d'autres travaillent pour vous et à votre profit, que la moitié des humains ne rêva plus que l'asservissement de l'autre moitié. Si la force ne suffit pas pour atteindre le but, la ruse, l'astuce, les causes et les prétextes vinrent en aide à la force, et l'humanité put voir l'homme, c'est-à-dire l'être le plus réfractaire à l'asservissement, plié sous le joug de dominations de toute nature, et partout courbant le front et traînant le bât de la servitude.

Aurons-nous besoin de preuves pour établir que tout acte, dans le sens de l'assujétissement des uns par les autres, est peut-être le plus grand crime social qui puisse être commis? Nous ne le pensons pas, convaincu que la preuve est toute faite de cette proposition. Il n'y a pourtant pas, dans nos nombreux Codes, de lois précises atteignant un pareil crime. Il faut en faire une et surtout l'appliquer avec soin et attention. En attendant, pour rentrer dans la loi morale qui doit régir avant tout l'humanité, arrière à tous les partis politiques ou autres qui aspirent au pouvoir et au gouvernement des hommes pour les gérer et administrer à leur guise, exercer sur les autres une influence et une prépondérance dont les avantages ne peuvent être qu'au bénéfice de quelques-uns ; arrière à la domination aristocratique ; arrière à la domination exclusive de la bourgeoisie ; arrière, arrière à la domination du prolétariat, domination pour personne, autrement dit, domination de tout le monde. Tel est le but de la république et de la démocratie. Ce but, la société l'atteindra quand elle voudra.

Toutes les dominations qui se sont successivement produites dans les faits et dans l'histoire ont été plus calamiteuses les unes que les autres, par une raison bien simple, c'est que personne, sans exception, qui que ce soit ne peut supporter aucune domination. La règle est absolue et ne souffre pas d'exceptions. Les bourgeois comme les paysans ne veulent pas être dominés par la noblesse. Mais les paysans et les ouvriers répugnent à se laisser mener par les bourgeois, tout autant et peut-être plus que les bourgeois par les nobles et les grands seigneurs.

On peut donc poser en principe que personne n'est disposé à subir aucune espèce de domination, c'est déjà quelque chose, c'est beaucoup même ;

mais, en revanche, on peut aussi poser ce fait, que la majeure partie des citoyens a pour ambition de dominer les autres, en sorte que la société se trouve dans cette singulière situation, que personne ne veut de maîtres ou de supérieurs, et qu'en même temps presque tout le monde vise à la domination. Il ne faut pas s'étonner alors si cela aboutit à des conflits, à des perturbations sociales et à des révolutions.

Dans ces termes, la question se trouve posée en propositions contradictoires, personne ne voulant être dominé, qui dominera, est une question insoluble. Il faut donc la rectifier et la poser en termes qui puissent amener une solution. Par exemple, personne ne voulant être dominé, que faire de tous les dominateurs ? pourquoi vouloir dominer ? que deviendront les aspirants à la domination ?

La répugnance à toute domination, à toute dépendance, à tout asservissement est non pas seulement générale, mais encore universelle. Elle se manifeste partout et par tous, et s'est manifestée de tout temps. C'est qu'elle est la base du grand principe de la loi morale, la liberté. Elle fait partie essentielle de l'homme, et est le commencement de son indépendance ; elle est aussi la base de cet autre grand principe de la loi morale : l'égalité. Au nom de la science sociale, de l'ordre social et de la loi morale, il importe donc essentiellement de combattre et d'annihiler tout ce qui peut lui porter atteinte.

Parmi les atteintes qui sont journellement portées à l'esprit d'indépendance qui constitue, comme nous venons de le dire, l'une des bases de la société, figure surtout l'esprit de domination qui marche pour ainsi dire de front avec l'esprit d'indépendance chez la majeure partie des hommes. L'esprit de domination, la tendance, les prétentions à dominer sont nécessairement criminels, puisque, s'ils se réalisent, ils ont pour effet d'enlever à une plus ou moins grande partie des hommes un de leurs attributs essentiels. Avec la répugnance de tous envers la domination, au point de vue passif, la domination devrait être impossible au point de vue actif. Si pourtant elle se manifeste, ce ne peut être qu'en violation de la loi morale. Donc, tous prétendants à la domination sont des criminels, des factieux, qui doivent rendre compte à la justice de leurs méfaits et recevoir une punition exemplaire.

Comment! voilà tout une population réfractaire au joug, jalouse de son indépendance, répugnante à toute domination, et il vous sera loisible de lui imposer votre joug, de la tenir sous votre dépendance ?

Nous ne pouvons pourtant nous abstenir de rechercher comment il s'est fait que personne ne voulant obéir, tout le monde veut commander. Nous avons déjà constaté que, sans doute, le premier dominateur s'était imposé aux faibles de corps par la force de ses muscles. Dès ce temps-là, la force prime le droit, fut la maxime invoquée; mais la force ne suffit pas complètement; à la force l'on adjoignit l'adresse, la ruse et l'astuce, qu'un commencement d'une instruction privilégiée rendait influents et autant, peut-être, plus efficaces que la force seule. Tels furent sommairement indiqués les principaux moyens employés par les premiers dominateurs.

D'un autre côté, la faiblesse corporelle des victimes, leur ignorance complète, leur abrutissement natif, que l'on se garda bien de chercher à diminuer par une instruction quelconque, et surtout la couardise et la lâcheté des individus et la mollesse des sentiments, apanage des barbares, rendirent faciles les tentatives des dominateurs et aplanirent les principales difficultés. Et bientôt l'habitude du servage, jointe à la nullité des réflexions, plongea les asservis dans l'engourdissement, dans l'apathie et, finalement, dans une espèce de résignation qui a rivé leurs fers d'une façon qui semble éternelle, mais qui, nécessairement, aura un terme peut-être plus prochain que généralement on le suppose.

Les peuples ont été illogiques, et cela dans de telles proportions, que l'on peut dire que la société et l'humanité tout entière ont été illogiques, au lieu de se dire que la domination, la souveraineté des uns sur les autres est impossible, et que, dès lors, il ne faut pas songer à la tenter. D'un accord unanime, on a tourné la question, et, de toutes parts, on s'est dit : les tentatives de domination n'ont pas abouti par la seule raison qu'elles ont été mal appliquées.

La domination nobiliaire a le tort de froisser et la classe moyenne et toutes les classes inférieures. La domination bourgeoise heurte et la noblesse et les classes inférieures qu'elle répudie comme la noblesse. La domination des classes inférieures n'a pas été essayée, mais on peut l'apprécier *a priori* et l'on doit la rejeter d'avance. Cependant, à chaque commotion sociale, causée presque toujours par le fait de domination d'une part et de répugnance à la supporter d'autre part, l'on ne manque jamais de voir surgir de nouveaux prétendants à la souveraineté. Ils se figurent et ne manquent pas de dire que si d'autres ont échoué, eux n'échoueront pas, qu'en s'y prenant mal, on ne réussit pas, mais qu'eux s'y prendront si bien qu'ils réussiront.

On ne veut pas supporter de domination, mais on veut imposer la sienne, et l'on semble croire qu'elle sera supportée patiemment. Étrange erreur ! Ote-toi de là que je m'y mette ! ne peut pas être une maxime de la loi morale, ni un des préceptes de l'humanité qui répudie en masse toute domination.

Il n'y a qu'une souveraineté possible dans ces conditions, c'est celle de tout le monde en général et de chacun en particulier. Ce qui équivaut à l'annulation de toute domination. Il est évident que la souveraineté, résidant dans tous et dans chacun, n'est l'attribut ni de personne, ni d'aucuns partis, ni d'aucunes sectes, ni d'aucunes classes sociales. Voilà, soit dit en passant, sur quoi est fondée la République et doit s'établir la démocratie.

CHAPITRE V.

RÉPUBLIQUE ET ROYAUTÉ.

La République et la royauté sont aux prises l'une avec l'autre. La lutte engagée en est arrivée à ce point, que l'on peut prédire que leur passe d'armes sera la dernière. La royauté, définitivement vaincue, ne se relèvera plus de sa chute et, obligée de subir le fait accompli, elle ne se représentera plus en France du moins, sur le champ clos du gouvernement de la nation.

En effet, comme idée, comme principe, la République était bien depuis longtemps adoptée par les esprits clairvoyants et instruits; mais elle éprouvait toujours de grandes difficultés, presque des impossibilités à passer dans les faits, dans la pratique. Elle trouvait une résistance énorme chez les uns, les instruits, par esprit de parti, par parti pris et par un calcul intéressé, et chez les autres, les ignorants, par préjugés, mauvais vouloir ou indifférence, et surtout par défaut de conception. Aujourd'hui, les difficultés se sont considérablement aplanies, tellement que la grande généralité de la population s'affirme comme adepte de la République et répudie toute idée monarchique, toute tentative surtout de rappel de la royauté de droit divin.

Les préventions contre la République étaient le résultat d'erreurs adroitement répandues dans le public par les partis monarchiques, d'une malveillance calculée, et de calomnies semées à profusion chez les gens peu instruits, et les plus nombreux. Quoi d'étonnant alors que, tenue en défiance par la majorité de la population, la République ne soit pas apparue à cette majorité, telle que la réalité l'aurait montrée, c'est-à-dire le gouvernement de la loi, exclusivement de la loi, sous le couvert des principes liberté et égalité.

Un des grands griefs que les monarchistes opposaient à la République, c'est qu'elle était par elle-même si peu viable qu'elle n'avait jamais pu se maintenir en France que quelques années et qu'elle avait deux fois été obligée de faire place à la monarchie. Cette objection, qui est vraie en fait, est sans valeur en principe et en politique. Ce fait, par lui-même, ne prouve rien, absolument rien; il est annihilé par un autre fait correspondant.

En effet, si deux fois les tentatives de l'établissement de la République ont avorté, les échecs de la monarchie ont été bien plus nombreux et surtout plus éclatants, tellement éclatants, le dernier surtout, que nous espérons bien que ce sera le dernier. La monarchie, sous la forme impériale, après la première République, est venue échouer contre une invasion de toutes les puissances européennes; au premier empire, on essaya de substituer la monarchie de droit divin, qui échoua contre la résistance de la population. A la monarchie de droit divin, dont on ne voulait plus, on substitua la monarchie bourgeoise ou constitutionnelle, qui échoua contre la révolte de la population et fut remplacée par la République de 48. Un audacieux coup de main, tenté par le premier magistrat de la République, a réussi et conduit à l'établissement du deuxième empire, monarchie absolue, gouvernement personnel qui a échoué et sombré dans une catastrophe épouvantable par laquelle la France a été mise à deux doigts de sa perte, mais, en compensation, a été remise en République. Si nous comptons bien, voici au moins quatre cas de monarchies déclarées incapables ou impuissantes à faire le bonheur de la France. L'objection des deux échecs éprouvés par la République ne peut pas tenir devant les quatre échecs monarchiques.

Ce n'est plus d'un grief adressé à la République que nous voulons parler maintenant, c'est d'un moyen artificieux dont ses adversaires ont toujours fait usage et dont ils ont toujours tiré avantage. Tout le bien qu'a pu faire la République, on lui en retire le mérite, pour l'attribuer à une monarchie. C'est d'une pierre frapper deux coups. On retire au régime républicain un sujet d'affection de la part du peuple, ce qui est déjà quelque chose, et on en fait hommage au monarque qui en retire tous les profits. Mais si la République a fait quelques maladresses, a commis quelques fautes, lui fussent-elles imposées par les faits antérieurs et par conséquent monarchiques, on les lui laisse pour compte, on les envenime et, chaque jour, on les lui reproche avec acrimonie, avec la plus insigne mauvaise foi et une malveillance que l'on ne cherche même pas à dissimuler.

Les exemples se présentent en foule, et l'histoire les a tous enregistrés. Mais il est nécessaire d'en mettre quelques-uns en saillie. Il serait peut-être nécessaire d'en faire un relevé complet pour instruire le peuple, redresser les erreurs dans lesquelles il a été plongé, en un mot rendre à César, etc. ; mais ce travail serait long et par conséquent serait déplacé ici ; nous nous bornerons donc à quelques exemples saillants et de la plus haute portée.

Les paysans sont entretenus, plus que tous autres citoyens, dans une sainte horreur de la 1re République. Ils n'en parlent ou n'en entendent parler sans se signer ; mais, en revanche, ils n'ont pas assez de bénédictions pour le premier empereur, auquel on leur a fait attribuer tout le mérite de leur affranchissement et surtout de la propriété du sol, et par suite de leur enrichissement par la possession de la terre. C'est, non pas l'empereur qui les a affranchis de leur vassalité, et a mis la terre cultivable à leur disposition, mais bien la révolution ; c'est la révolution qui les a fait passer de l'état de serfs à celui de citoyens libres ; c'est la révolution qui non-seulement a effacé toutes les entraves à la propriété foncière, mais encore a distribué presque pour rien aux paysans les biens nationaux. On ment quand on dit le contraire, et le mensonge a pour effet de tromper les paysans sur leurs vrais bienfaiteurs et de les entraîner dans la voie d'une ingratitude mal fondée.

Le Code civil des Français est dû tout entier à la révolution et n'est dû qu'à elle. Il a été élaboré pendant plusieurs années d'un travail sérieux, par des légistes désignés et choisis par la révolution. Et pourtant les flagorneurs de l'empire et de la famille impériale ont eu l'audace d'en attribuer tout le mérite à leur empereur et même de lui donner son nom. Tout le mérite de Napoléon, rendons-le lui, c'est d'avoir signé le décret de promulgation du Code civil, quand il eut été achevé par les hommes éminents, les grands légistes qui avaient été, par la révolution, chargés de cette œuvre. L'histoire n'a jamais pu accueillir cette dénomination du Code Napoléon, et ne consacrera jamais que celle de Code civil des Français.

Pour en revenir aux paysans, que l'on a de tout temps cherché à exaspérer contre la république, il est bon de leur rappeler, ou plutôt de leur apprendre, une foule de choses bonnes à savoir dans l'intérêt de la vérité d'abord et de la justice ensuite ; car il est toujours juste de rendre à chacun ce qui lui est dû. Ainsi, avant 89, la France était soumise au régime féodal ; les paysans étaient des serfs, des vassaux, sujets à la dîme et corvéables à merci. La noblesse seule, avec le clergé, étaient propriétaires du sol, en vertu de la maxime : nulle terre sans seigneur. Tout à coup, les paysans, d'hommes liges, sont devenus hommes libres ; de fermiers, de maneuvres, ils sont devenus propriétaires. A qui doivent-ils cela ? A la révolution, exclusivement à la révolution, dont on a su leur faire un épouvantail, une sorte de croquemitaine prêt à les dévorer, eux et leurs champs. Les paysans devraient bénir la révolution pour tous les bienfaits dont elle les a gratifiés ; si quelques-uns d'entre eux ont encore quelque souvenir de leurs ancêtres, ils doivent ne pas ignorer qu'avant 89, c'est à peine si ceux-ci étaient capables d'acheter la besace avec laquelle la plupart mendiaient leur pain. La misère la plus profonde était le lot des ancêtres de ceux qui, aujourd'hui, sont bien logés chez eux, qui cultivent des terres leur appartenant, et même le plus grand nombre roulent voiture. A genoux donc, paysans, devant la révolution à qui vous devez tout !

On voudrait vous faire accroire que cette grande révolution vous a été funeste, et en même temps que c'est à Napoléon que vous devez et votre affranchissement et votre avènement dans la libre propriété du sol. Mensonge, erreur profonde ! Ce qui peut avoir aidé à tromper à cet égard, c'est que ce n'est que sous Napoléon qu'ont commencé à se faire sentir les effets des grandes mesures prises par la révolution. La révolution avait semé, mais la récolte n'a commencé à mûrir et à se faire que sous l'empire, et l'empire s'est attribué le mérite de la culture, à laquelle il n'avait pourtant en rien contribué. La semence était si féconde, qu'elle produit encore aujourd'hui des récoltes et en produira longtemps encore. Donc, bénissez le semeur prévoyant et bienfaisant, et surtout n'oubliez plus qu'en maudissant la révolution, c'est votre seconde mère, celle qui vous a fait ce que vous êtes aujourd'hui, que vous payez d'ingratitude.

Il y avait, dans les bienfaits dont la révolution a voulu combler les paysans, une lacune importante : le paysan libre et la propriété territoriale, libre de toute entrave, c'était beaucoup, mais ce n'était pas assez ; il fallait encore au paysan la souveraineté politique, que la constitution proclamait résider dans la nation, mais dont était exclue en fait la grande majorité des paysans. La république de 48 a comblé la mesure en acclamant le Suffrage universel, qui met les pouvoirs publics entre les mains du plus grand nombre et, dès lors, dans celles des paysans.

Si nous repassions toute l'histoire, il nous serait aisé de fournir la preuve que la classe des citoyens qui a retiré le plus d'avantages de toutes les révolutions, et surtout des essais de la république, c'est, sans contredit, la classe des paysans. Et, cependant, c'est à eux que toutes les réactions s'adressent pour trouver un point d'appui ; c'est chez eux que l'on se plaît à répandre à profusion toutes les déclamations les plus mensongères et les plus injustes contre la république. Et, ce qu'il y a de plus étonnant, c'est la croyance des paysans à toutes les invectives des partis monarchiques contre la république.

Il importe donc essentiellement de redresser les erreurs accréditées dans la partie la plus nombreuse de la population, par deux raisons : la première, c'est que cette partie de la population ne peut s'empêcher d'être, tôt ou tard, particulièrement dupe, par l'effet de la confusion que l'on met dans son esprit ; la seconde, c'est que l'intérêt général en souffre énormément, en ce sens que le progrès et toute espèce d'amélioration se trouvent paralysés par l'effet du nombre qui est prépondérant en vertu du Suffrage universel.

Quant à l'objection qui consiste à dire que la France a essayé du régime républicain et qu'elle s'en est débarrassée le plus tôt qu'elle a pu, parce qu'elle le répudie tant en principe qu'en fait, il nous suffira de quelques mots pour écarter cette objection. Ce n'est jamais guère qu'après des catastrophes et des calamités amenées par une monarchie quelconque que la république s'est installée, c'est-à-dire dans les conditions les plus, déplorables, les plus désastreuees et partant les plus difficiles. Quoi d'étonnant, dès lors, que la république, avec des commencements pareils, n'ait pas, au bout de quelques mois, fait régner dans la nation la tranquillité et la prospérité que la République contient en germe, mais dont les fruits demandent nécessairement du temps pour arriver à maturité ? Sans remonter dans l'histoire, prenons la république actuelle. Nos armées battues et anéanties, notre territoire envahi par un million d'hommes, nos finances laissées dans un désordre inoui par un monarque absolu, volontaire et personnel, est-ce dans quelques mois seulement et même dans l'espace d'un ou deux ans que la république la plus bienfaisante peut faire face à tous ces désastres et les réparer ? Les impatients de mauvaise foi peuvent seuls en tirer argument contre l'installation de la république.

Enfin, certaines gens font surtout grief à la république des difficultés qu'elles éprouvent sous elle à obtenir une foule de faveurs que leur prodiguerait un monarque. Ce grief est vrai, et nous y accédons formellement. La république n'est pas le régime des faveurs, des privilèges au profit des uns et par conséquent au préjudice des autres ; elle est le régime de la justice, de la loi, et rien que de la loi, la loi pour tous sans exceptions et sans faveurs. C'est peut-être pour cela qu'elle s'est attirée la malveillance des gens qui aiment à vivre de faveurs. Mais c'est pour cela aussi que la généralité des citoyens a fini par comprendre que, sous tous les rapports, elle valait mieux pour eux que la royauté.

Quand la nation a subi 15 ou 20 ans de vexations, d'exactions, de violations de la justice, d'arbitraires, de mesures exorbitantes, écrasant les uns et comblant les autres de privilèges et de faveurs, en un mot, d'abus criants, à la fin elle s'indigne et se révolte. Devant sa toute-puissance tout cède, et le pouvoir usé croule et tombe écrasé, chassé, vilipendé. La conscience publique finit toujours par reprendre le dessus, elle a pu se laisser tromper et abuser, mais tôt ou tard elle y voit clair et reprend ses droits. C'est ainsi que périodiquement des commotions politiques ne manquent pas d'éclater et d'agiter la population pendant un espace de temps plus ou moins long.

Pendant ces temps d'agitation, il est rare qu'il ne se produise pas un fait, dont les vieux partis exploiteurs, renversés à leur tour de rôle, cherchent à tirer avantage pour amener la nation à revenir au régime de leur goût et de leur choix. Ce fait, c'est la sédition, la prise d'armes par quelques citoyens, en un mot, la guerre civile. Les vieux partis ne manquent jamais d'attribuer ces séditions au régime toujours plus libéral qui est substitué à celui que l'on vient de détruire. Suivant eux, c'est une conséquence, un des effets inévitables du nouveau régime, surtout si ce régime est la république. Examinons, cherchons la cause réelle, et nous nous convaincrons bien vite qu'il n'y a qu'une tactique de la plus insigne mauvaise foi de la part des partis qui rejettent la responsabilité du fait sur la république.

Le régime délétère de la monarchie, c'est-à-dire du bon plaisir, de l'arbitraire et de l'omnipotence dans la distribution des faveurs, des privilèges et des avantages sociaux, s'il a été avantageux pour quelques-uns, il n'a été, pour les autres, c'est-à-dire pour le plus grand nombre, qu'une cause d'envie, de jalousie et de convoitises. Tous les jours, les yeux frappés du spectacle de la prospérité et des jouissances de gens qui n'ont qu'à se baisser pour le ramasser et s'en gorger à leur aise; les hommes exclus du nombre des heureux du jour se démoralisent complètement et se trouvent entraînés dans des mouvements de violence et de force brutale contre un ordre de choses que leur instinct, plutôt que leur raison, leur montre pernicieux. C'est dans ces dispositions de haine du grand nombre contre les privilégiés que se trouve la nation quand une révolution dans les sphères gouvernementales éclate et met tout en question.

Un gouvernement tombe à la fin, sous la pression de l'indignation générale, quand il a accompli son œuvre de démoralisation et achevé de gangrener la Société. Par l'effet de la loi d'action et de réaction, tout naturellement un gouvernement démoralisateur est remplacé par un gouvernement réparateur. C'est ainsi que, tout naturellement, la République remplace les dictatures et les monarchies renversées. L'œuvre de la République est de substituer le régime bienfaisant des principes au régime délétère du bon plaisir. Constatons et ne perdons pas de vue que c'est la monarchie qui a enfanté la démoralisation, les mauvais appétits, les haines envieuses et les violentes idées de vengeance et de réparation. La République les trouve dans toute leur énergie, mais n'en est nullement la cause; elle n'est que l'occasion de leur manifestation; son rôle est d'y apporter l'apaisement.

Et cependant, c'est à la République que les vieux partis renversés ne manquent jamais d'attribuer la cause des idées désordonnées auxquelles elle a mission d'apporter un remède. C'est une tactique des vieux partis qui leur a presque toujours réussi, et qui leur a servi à couvrir leurs menées clandestines contre l'idée républicaine. A peine la République est-elle proclamée qu'il s'agit pour eux de la démolir et d'empêcher son établissement régulier. Ils ont tout à perdre et rien à gagner avec elle; elle est donc, pour eux, l'ennemi dont il faut se débarrasser à tout prix, coûte que coûte, et par des moyens quelconques; tous les moyens sont bons.

Lorsque éclata la Révolution de 48 et que fut proclamée la République, rien n'était mûr pour l'installation solide des institutions républicaines. C'était une étude complète à faire, mais qu'il n'eût pas fallu beaucoup de temps à la nation pour s'y façonner. Un aventurier a exploité à son profit la situation et est venu interrompre le cours des enseignements que puisait la nation dans ses tâtonnements et ses essais qui lui eussent en peu de temps donné l'expérience et, par conséquent, la véritable pratique du nouveau régime.

Un premier essai avait été fait après la Révolution de 89 ; mais l'idée n'en résidait guère que dans la tête de quelques adeptes, gens instruits et distingués par leur intelligence ; elle n'avait pas pénétré bien profondément dans les masses ignorantes et imbues de tous les préjugés monarchiques, sous le régime desquels elles avaient toujours vécu. On peut changer les institutions d'un peuple, mais on ne peut changer à son gré et à sa volonté les mœurs d'une population ignorante, qui n'a jamais vu autre chose et n'a jamais entendu parler de changements et d'innovations.

Aussi le rétablissement de la monarchie n'a-t-il guère éprouvé de résistance, après quelques années d'épreuves, entourées des difficultés tant intérieures qu'extérieures les plus formidables qu'ait enregistrées l'histoire. Cinquante ans de pratiques monarchiques n'ont pas peu contribué ensuite à faire à peu près perdre de vue l'idée républicaine. Le pouvoir monarchique ne se faisait, du reste, pas faute de présenter aux masses cette idée de République, sous les aspects les plus rebutants. Les masses, toujours ignorantes, si elles n'ajoutaient pas une foi absolue à ce que leur disait la monarchie à cet égard, elles restaient froides et indifférentes sur la question de République, qu'aucun de leurs concitoyens n'avait le droit de leur expliquer et faire comprendre.

Quelques esprits seulement avaient conservé le feu sacré et sauvegardé l'idée républicaine; mais, il faut le dire, une portion considérable de ces esprits tendus vers la république, les chefs ou meneurs surtout, imbus comme les masses de l'idée monarchique dont ils ne pouvaient s'affranchir, ne concevaient qu'une république monarchique, c'est-à-dire autoritaire comme la monarchie. Supprimer le monarque et conserver les institutions monarchiques, seulement, confier le pouvoir à plusieurs citoyens, au lieu de le mettre entre les mains d'un seul. Une autre fraction des partisans de la République ne la présentait que telle que l'enfantaient leurs cerveaux fantaisistes et, dès lors, qu'accompagnée d'utopies plus ou moins réalisables.

Il n'est pas étonnant alors que les masses se soient montrées réfractaires à l'installation de la république de 48, et se soient laissées séduire par les promesses du second empire, qui s'est fait acclamer et installer par une majorité immense.

L'idée républicaine, telle qu'elle était présentée par la république de 48, n'était pas, il faut le dire, capable de séduire, de convaincre et d'entraîner la nation tout entière, qui ne comprenait pas, ou plutôt qui comprenait trop, l'inanité ou l'inefficacité du modèle que l'on avait mis sous ses yeux.

Le second empire, qui pouvait prétendre à étouffer toute idée, toute pensée républicaine, et à faire oublier jusqu'au mot de république, a, sans le vouloir et sans le savoir, contribué plus que qui que ce soit à la compréhension de l'idée républicaine, et à sa pénétration dans les esprits les plus étroits et les plus entachés de préjugés monarchiques. Il était défendu d'en parler et de prononcer le mot de république. On n'en parlait pas, mais on l'étudiait, on s'instruisait et on a fini par comprendre.

CHAPITRE VI.

DÉCENTRALISATION.

La liberté, en prenant sa place dans les relations des hommes entre eux, a rectifié la loi morale à laquelle on avait fait faire fausse route, et s'est posée en antagoniste de l'autorité, faux principe sur lequel on avait jusqu'alors posé les fondements de la société. La liberté, c'est le droit; l'autorité, c'est la force. Le droit et la force se disputent le monde, a dit le général Foy à la tribune. Nous sommes pour le droit et contre la force. Dans le champ clos de la discussion, nous prenons parti pour la liberté, et nous nous déclarons franchement et ouvertement les adversaires de l'autorité.

Après cette déclaration de principes, abordons la pratique, la réalité, les faits, c'est-à-dire l'application. Si nous n'en arrivons pas *a priori* à l'abolition complète de l'autorité par la liberté, c'est que l'esprit de routine est, dans la population, tellement invétéré et tenace, que l'on hésite encore à prendre les mesures les plus logiques, sous prétexte que l'on craint de se laisser aller dans les aventures, dans l'incertain, dans l'inconnu. Mais nous pourrons constater que, au fur et à mesure du développement de la liberté, l'autorité décroît successivement, s'amoindrit de jour en jour, et finalement, fatalement même, aboutira à disparaître, pour laisser la place entière à la liberté.

Nous avons eu maintes occasions de traiter cette question : liberté et autorité; nous l'avons fait à différents points de vue : aujourd'hui, nous nous proposons de l'envisager au point de vue de la centralisation, qui est une des formes sous lesquelles se manifeste l'autorité. Une centralisation excessive est un des principaux éléments, une des principales bases et un des principaux moyens de l'autorité. Aussi, la liberté réclame-t-elle avec persistance, et réclamera jusqu'à ce qu'elle l'ait obtenue, la décentralisation.

L'autorité, le pouvoir, c'est-a-dire le gouvernement, pour être maître absolu en tout et partout, s'est constitué en centre auquel tout vient aboutir. Tout en part et tout y vient ; c'est le foyer où viennent rayonner toutes choses. Nul acte, nulle mesure, nul plan, nul projet, nulle décision ne sont bons et valables que partant de ce foyer où tout doit aboutir, ou qu'étant sanctionnés par lui, s'ils émanent d'ailleurs. On conçoit quelle puissance cela donne au gouvernement institué ainsi le dispensateur obligé de toute la manne gouvernementale. On dit que cela est nécessaire pour maintenir l'unité nationale ; mais nous n'en croyons rien, et nous espérons démontrer notre opinion de manière à désillusionner l'opinion publique, induite peut-être intentionnellement en erreur à cet égard comme à tant d'autres.

Comme toutes choses sans exception, l'unité sociale a ses lois propres et particulières qui ne seraient pas impunément violées. Ces lois, nous les signalerons, et nous leur ferons, si l'on veut, une large, très-large part ; mais la centralisation n'y gagnera rien, et, après les nombreuses rognures qu' a déjà subies l'autorité, il faudra bien qu'elle se laisse encore entamer davantage par la décentralisation.

L'unité nationale se fonde et se maintient par l'unité de la législation, l'uniformité sans exception des lois et de la politique. On conçoit qu'elle serait brisée si quelques-unes de ses lois n'étaient applicables qu'à certaines localités sans l'être à toutes les autres, et si, dans des localités, la politique était monarchique, tandis qu'elle serait républicaine dans d'autres. Mais hors de là, de même que chaque citoyen jouit de la plus entière liberté, sans que le régime social en souffre et en soit ébranlé, de même toutes les localités et tous les groupes de localités doivent jouir de la plus grande liberté. La liberté d'un citoyen n'a de contrepoids que celle des autres citoyens ; la liberté des localités différentes ne doit avoir de contrepoids que celle des autres localités ou, si l'on veut, que celle de l'État, c'est-à-dire de l'intérêt général représenté par l'État ou le gouvernement. Moyennant ce respect des droits d'autrui, auquel la justice ordinaire du pays suffirait pour rappeler les contrevenants, il ne saurait y avoir de raison fondée pour attribuer à l'autorité une omnipotence absolue sur aucun des intérêts sociaux, toujours sous prétexte d'unité nationale.

Par l'effet des principes de 89, liberté-égalité, tout citoyen français est libre de sa personne, sur laquelle qui que ce soit autre n'a aucune espèce de droit ; libre de son travail, libre de son commerce, libre de sa conscience, libre de sa pensée, libre, en un mot, tant au physique qu'au moral, sous la seule condition que sa liberté ne nuira en rien à celle des autres citoyens, c'est-à-dire sous la seule condition de se conformer aux lois du pays. Tel est le premier degré dans l'échelle de la liberté.

Quand un citoyen libre individuellement sort de chez lui et veut se mettre en contact avec ses concitoyens, il rencontre la commune, c'est-à-dire l'agglomération des habitants de sa localité. La commune, dans son essence, doit être aussi libre que les citoyens pris individuellement qui la composent. Agglomération, addition d'hommes libres en un seul groupe, ne peuvent pas vouloir dire suppression de la liberté. La liberté entre là dans une nouvelle phase ; c'est le second degré dans son échelle.

Le troisième degré de l'échelle de la liberté se trouve dans l'agglomération ou cantonale, ou départementale, ou provinciale.

Le quatrième et dernier degré réside dans l'agglomération nationale, dans le groupe général de tous les habitants de la même nation. Nous mentionnons sans interruption les quatre phases principales que subit la liberté, pour en raisonner ensuite plus à notre aise et sans être obligé de revenir, au cours de la discussion, à l'exposé d'une classification que nous pouvons considérer comme indiscutable, étant généralement admise par l'opinion publique.

L'homme naturellement libre de tous ses mouvements et de toutes ses actions, en arrivant dans sa commune, va-t-il trouver l'esclavage ou la dépendance? Que deviendrait alors sa liberté individuelle? Va-t-il trouver, planant au-dessus du groupe de ses concitoyens et les dominant, une autorité extérieure, souveraine, imposant sa volonté arbitraire à un groupe d'hommes individuellement libres et maîtres exclusifs de leurs propres affaires? Poser de pareilles questions, c'est les résoudre. Le bon sens, comme la logique et surtout la justice, se trouveraient offensés si la solution n'était pas complètement en faveur de la liberté.

La commune doit être, dans ses agissements, aussi libre et indépendante que chacun des citoyens qui la composent. Sous une double condition, celle de se conformer aux lois générales de la nation et celle de ne pas apporter d'obstacles à la liberté des autres communes et aux intérêts généraux de la nation. Nous n'entrerons ici dans aucun détail ; c'est affaire de principes auxquels les faits, tous les faits, peuvent être ramenés facilement par qui que ce soit qui veuille bien raisonner un peu. Nous nous bornerons à citer un seul cas. Une commune reconnaît qu'elle a besoin d'un pont pour traverser, en toute saison, un cours d'eau qui devient quelquefois un torrent. Le maire, le conseil municipal et tous les habitants réclament ce pont. Ils en ont les plans et devis, et la somme nécessaire pour la construction est à la disposition de la commune, qui est disposée à commencer d'urgence les travaux nécessaires. Mais, halte-là ! l'autorité, c'est-à-dire le préfet, d'une part, et toute la bureaucratie des ministères, d'autre part, mettent le holà. Il faut non-seulement leurs nombreux avis, mais encore leur bon vouloir, leur volonté : tout cela demande du temps, un temps considérable, deux ou trois ans peut-être pour aboutir souvent à un refus. Est-ce assez absurde ?

La plupart des communes de France n'ont qu'une population peu nombreuse : mille, deux ou trois mille habitants par exemple. Aussi n'ont-elles guère de fonctionnaires. Un maire, un garde champêtre et un instituteur composent tout leur personnel administratif. Eh bien ! l'autorité seule, c'est-à-dire le gouvernement, le chef de toute la nation, est investie exclusivement du droit de nommer aux plus modestes fonctions, par conséquent d'imposer à chaque commune sa domination, ses caprices, sa volonté, son arbitraire.

Il en est de même pour toutes les affaires départementales. L'autorité a la haute main sur tout : il faut qu'elle commande tout, qu'elle dirige tout, qu'elle ait l'initiative de tout, et que rien ne s'opère sans son consentement et sa volonté nécessairement arbitraire. Un tel régime est si absurde, que les meilleurs esprits s'en sont émus depuis longtemps, et ont reconnu que la centralisation, poussée à l'excès, comme l'est celle de l'administration de la France, devait, dans l'intérêt de l'ordre social, être ramenée à de justes bornes, à celles strictement nécessaires pour que l'intérêt général n'en souffre pas, et, puisque l'on y tient essentiellement, pour que l'unité nationale n'en soit pas altérée.

L'unité nationale ne peut évidemment éprouver aucune atteinte de ce fait, que chaque commune aurait seule le droit de nommer son maire et son garde champêtre, de choisir l'instituteur qu'elle croit convenir pour l'instruction des enfants et d'opérer les travaux, sinon tous, au moins la majeure partie de ceux auxquels elle reconnaît un but d'utilité communale, surtout si elle a à sa disposition les fonds nécessaires pour l'exécution de ces travaux, dont on ne contestera pas qu'elle est mieux que qui que ce soit à même et en mesure d'apprécier l'utilité et l'opportunité. Ce qui peut fonder et maintenir l'unité nationale, ce n'est pas plus ou moins de pouvoir sur les communes ou les départements remis à l'autorité gouvernementale, c'est la solidarité. La solidarité appliquée tant aux personnes qu'aux choses est le seul lien efficace pour attacher ensemble hommes et choses et en former un faisceau qui ne se dissoudra pas par les événements les plus graves, et survivra aux plus désastreuses catastrophes.

Tous les citoyens sont rendus solidaires les uns des autres par la loi sur l'organisation de l'armée ; tout citoyen doit être soldat et contribuer de sa personne tant à la défense de tout le territoire national qu'au maintien de la tranquillité entre les citoyens. La sécurité générale doit être assurée par le concours solidaire de tous les nationaux : voilà pour les personnes. Quant aux choses, c'est-à-dire aux différentes propriétés, elles doivent être solidarisées entre elles par les impôts proportionnels, par les assurances contre toutes les espèces de sinistres qui peuvent les atteindre et par une contribution obligatoire de toutes les contrées sans exception pour réparation des désastres occasionnés surtout par la guerre, dans seulement quelques-unes des contrées de la France.

Sur ce dernier point, il nous est impossible de

ne pas manifester notre étonnement devant le silence absolu gardé par toute la législation. Une portion de la France est envahie par l'ennemi et sert, pendant plus ou moins de temps, de champ de bataille entre l'armée envahissante et l'armée française chargée de repousser l'ennemi. Des combats acharnés ont lieu chaque jour. Tous les moyens destructeurs sont activement employés de part et d'autre. Les canons, les mitrailleuses, les mortiers, les fusils, les balles, les boulets, les bombes, les obus, les boîtes à mitraille, en quantités innombrables, ravagent le territoire, détruisent les maisons, amoncellent les ruines, brisent les arbres, font perdre les récoltes, tuent beaucoup d'habitants et n'en laissent survivre que pour constater la dévastation et la misère qui en est la suite.

Si l'unité nationale n'est pas un vain mot, c'est surtout dans ce cas qu'elle doit être appliquée et intervenir avec efficacité. La nation est une, dit-on ; mais alors, tout le mal qui arrive à une partie doit être ressenti par le tout ; tous les désastres d'une partie doivent être supportés par le tout. Eh bien ! non, la loi n'a pas voulu admettre ce cas ; elle ne s'en est nullement préoccupée. Tant pis, dit-elle, pour ceux qui ont souffert, même dans l'intérêt général, comme dans le cas de guerre étrangère. Ils sont malheureux ; on ne peut et on ne doit que les plaindre. Ils sont ruinés : qu'ils relèvent les ruines s'ils peuvent, le reste de la nation ne leur doit rien ;

la loi ne leur accorde rien. Conçoit-on une pareille lacune dans le Code des lois d'une nation qui tient, par-dessus tout, à son unité ?

Ajouterons-nous, comme correctif à cette lacune de la loi, que la charité publique, toutes les fois que ce fait se reproduit, ne manque guère de voter et de distribuer une aumône aux habitants qui ont trop souffert des horreurs de la guerre. Une aumône là où il faudrait un droit ; une aumône, on l'accorde plus ou moins considérable, mais on peut la refuser ; tandis qu'un droit, parfaitement défini par la loi, est toujours obligatoire et à l'abri des caprices ou de la volonté des gouvernants, de l'autorité. Toujours l'autorité substituée au droit ; toujours le droit sacrifié à l'arbitraire. Comme le régime des guerres avec l'étranger et surtout certains étrangers semble bien loin de s'apaiser et vouloir prendre, au contraire, des développements effrayants, une des premières lois à faire, selon nous, devrait être sur ce sujet ; un simple article suffirait. « Toute la nation est responsable des dégâts commis sur quelque portion que ce soit du territoire national par le fait de guerre avec l'étranger, et doit concourir à la réparation de ces dégâts, en indemnisant complètement les habitants qui en ont souffert. » Il nous semble qu'une loi dans ce sens ferait plus pour le maintien de l'unité nationale, que toutes les usurpations possibles du pouvoir central sur les attributions des communes et des départements.

L'absence d'une loi dans le sens que nous venons d'indiquer est une faute politique de premier ordre. Quand une partie du territoire est envahie par l'ennemi, tout le territoire est menacé. Si une partie seulement est sacrifiée aux évènements de la guerre, cette partie peut sauver le tout et, sous ce rapport, tout ce qui n'est pas envahi doit avoir le droit d'exiger, s'il le faut, le sacrifice le plus complet, dont il se déclare responsable et aura à payer la réparation et tous les dommages causés. Pour raison de salut public, l'État, c'est-à-dire tout le monde, doit commander impérieusement, en mettant la responsabilité à sa charge. Il ne faut pas s'exposer à voir faire la loi et tout compromettre par l'intérêt particulier que ne sauvegarde pas l'intérêt public.

A défaut d'une loi générale, les particuliers s'en font chacun une qui leur est particulière. Nous ne l'avons que trop vu dans la dernière guerre. Pour ménager leurs propriétés, les habitants envahis, pas tous, mais un trop grand nombre, traitaient avec l'ennemi, lui faisaient toute espèce de concessions et lui accordaient une foule de facilités qui sauvaient leurs propriétés de la dévastation, mais compromettaient souverainement les grandes opérations militaires de nos généraux. Ces lâchetés, ces défections, ces pactes individuels et particuliers ont été sans doute flétris par l'opinion publique, mais étaient une conséquence d'un défaut de garantie générale. Avec une loi de garantie et de solidarité nationale, il n'en eût pas été ainsi, l'intérêt privé aurait laissé le champ libre à l'intérêt public ; l'intérêt particulier eût disparu parce qu'il n'avait pas de raison d'être. Personne ne me devant indemniser de la dévastation de ma maison et de mes champs, je traite avec l'ennemi pour qu'il ménage mes propriétés, dût mon traité être favorable à l'ennemi contre les armées de mon pays. L'indemnité, au contraire, étant de droit, je n'ai plus de ménagements à garder avec l'ennemi, dût ma maison être brûlée et mes champs et mes récoltes être complètement ravagés.

Après ces digressions qui n'en sont pas, en ce sens qu'elles rentrent toutes dans notre sujet, reprenons l'organisation de la liberté, dont le principal effet sera nécessairement l'affaiblissement de l'autorité, et, par suite, la disparition d'un de ses principaux moyens d'action : la centralisation.

Nous avons vu que l'homme, pris individuellement, est libre, absolument libre, sous la condition de se conformer aux lois générales du pays, et de ne pas gêner ou entraver la liberté de ses concitoyens ; nous avons vu également que le premier groupe social que rencontre l'homme libre, c'est la commune, qui doit être aussi libre de ses mouvements que les individus qui la composent, toujours sous cette seule condition de se conformer aux lois générales, et de ne pas entraver la liberté des autres groupes sociaux qui l'avoisinent. L'autorité n'a pas plus le droit de gérer les affaires particulières d'une commune que celles de chacun des citoyens; nous avons vu encore qu'en sortant de la commune, on tombe ou dans le canton, ou dans le département, ou dans la province. Quelles que soient la dénomination et l'étendue de ce groupe, il a ses intérêts particuliers, intérêts d'ensemble pour les communes qui le composent. Il n'est pas contestable que l'autorité n'a aucun droit d'intervenir dans la gestion de ces intérêts. Donc, département libre, puisque département est la division territoriale en vigueur.

D'étape en étape, nous voici arrivés au dernier degré de l'échelle, c'est-à-dire au groupe général, à la nation. La question se complique, mais, avec un peu d'attention, elle peut être débrouillée, et réduite à sa plus simple expression. Toutes les affaires particulières se traitent et s'administrent directement par ceux qu'elles concernent. Mais, en outre des affaires particulières ou individuelles, il y a encore les affaires collectives ou générales, qui ne peuvent se traiter et s'administrer que par mandataires ou par délégation. Dans l'ordre hiérarchique, le premier degré, c'est la commune. Pour traiter et administrer les affaires de la collectivité communale, on délègue les pouvoirs à un maire et à un conseil municipal. La délégation, bien entendu, n'a qu'un droit, un seul pouvoir; mais elle doit l'avoir entier et sans partage, avec un pouvoir extérieur, celui de gérer et d'administrer ses affaires à sa guise; elle n'a et ne doit jamais avoir celui de légiférer sur quelque matière que ce soit. Nous verrons ultérieurement à qui incombe exclusivement ce droit de légiférer. De même que les particuliers n'ont pas le droit de s'immiscer dans les affaires des autres, chaque commune n'a aucun droit de s'immiscer dans celles des autres communes.

Mais cette liberté de chaque commune peut quelquefois amener des divergences de manière de voir, et, par suite, des conflits entre quelques communes voisines, au sujet de résolutions ou de travaux dont les voisins auraient à se plaindre. Cela n'est pas plus étonnant que les différends qui se produisent tous les jours entre les citoyens. La justice est là pour statuer sur tous les différends des citoyens entre eux. Pour résoudre ceux entre communs, le département est là, et juge souverainement, placé comme il l'est, au point de vue supérieur, sinon de l'intérêt général de la nation, du moins de l'intérêt déjà considérable du groupe départemental. Ainsi, chaque commune a bien le droit de faire des chemins autant qu'il lui convient, là où il lui plaît, sur son territoire; mais elle en trace un qui peut causer le plus grand préjudice à une commune voisine, sans lui procurer à elle plus d'avantages que sur tout autre tracé. Le département ou arrange la chose à l'amiable, ou fait défense de suivre d'autre tracé que, dans un esprit de justice, il édicte. Sa décision fait loi.

Il en est absolument de même par rapport au groupe départemental géré et administré par un préfet et un conseil départemental. Le département, en cas de différends ou de conflits, relève de la nation, qui, placée au point de vue transcendant de l'universalité des citoyens, ne prend des décisions que conformes à l'intérêt général ou public. Ainsi, chaque département a bien le droit de se donner autant de chemins de fer qu'il lui convient ; cependant, l'État a le droit de rectifier des tracés arbitraires ou nuisibles à l'intérêt général. Quant à des droits pour s'immiscer sous d'autres prétextes dans des affaires départementales, nous les contestons absolument au gouvernement.

La nation, c'est-à-dire la collectivité de tous les citoyens libres habitant le même pays et s'étant réunis en société par un accord tacite, n'est donc que l'addition de tous ces habitants, que nous avons reconnus être libres et nullement dépendants de qui ou de quoi que ce soit. Quand les hommes se réunissent en société, c'est pour s'assister mutuellement et se fortifier de la puissance du nombre. Ils se mettent d'accord sur la loi générale qui les gouvernera tous sans exception. Il est bien entendu que les individus se dépouillent, par ce seul fait, de leur droit législatif. Un individu ne peut pas légiférer à sa guise ; il en est de même des groupes sociaux ; une commune, un département ne peuvent pas légiférer, la loi ne pouvant jamais être que générale et non pas particulière ou locale.

C'est surtout en vue de la législation générale qu'ont été établis les gouvernements. Principalement chez une nation qui veut être une et indivisible, il faut une législation uniforme, unique pour toutes les parties et tous les habitants du territoire national. Pour faire des lois générales, comme on ne peut réunir tous les habitants en une seule assemblée, tous les habitants nomment des mandataires, des délégués, des députés auxquels ils transmettent tous pouvoirs législatifs. Les lois faites par ces députés sont obligatoires pour tout le monde sans exception, surtout si elles sont bien faites, c'est-à-dire si elles se conforment rigoureusement aux principes fondamentaux de l'orde social qui se résument en deux mots : liberté ! égalité ! Toute loi qui consacrerait des exclusions injustes, des faveurs pour les uns et des désavantages pour les autres serait vicieuse et devrait être rapportée sans retard à la moindre réclamation qui en serait faite.

L'assemblée des députés, nommés par tous les citoyens et tous les habitants de toute la nation, constitue le gouvernement national, c'est-à-dire le quatrième degré de l'échelle de la liberté. C'est cette assemblée qui nomme les ministres auxquels est confié le soin de réaliser ses décisions, de coordonner toutes les mesures d'intérêt général et de veiller à ce que les mesures prises par les particuliers, par les communes et par les départements, ne froissent pas l'intérêt national.

Il y aurait bien un cinquième degré si l'on voulait considérer comme tel le rôle qu'a à jouer, à l'extérieur, toute agglomération nationale. On ne se constitue en nation que pour avoir des relations quelconques avec les autres nations ou voisines ou éloignées. Toute nation est nécessairement libre et indépendante des autres ; autrement elle ne serait pas une nation, elle ferait partie de la nation dominante, avec laquelle seule on pourrait traiter avec efficacité. Le code de la liberté est le seul qui soit applicable dans les relations de peuple à peuple, de nation à nation, à moins que les peuples ne consentent à adopter la monstrueuse et criminelle maxime émise récemment par la Prusse, c'est-à-dire : la force prime le droit ! Si cette maxime prévalait, si celui qui l'a émise avec arrogance n'était pas mis hors la loi, et au ban des nations, il faudrait s'attendre à voir revenir sur nos contrées, qui se civilisent de jour en jour, toutes les monstruosités de la plus sanguinaire barbarie. Des hommes individuellement libres, habitant chacun une commune libre qui relève d'un département libre, et reliés ensemble dans un intérêt commun par le faisceau de la nation libre elle-même, ne peuvent rien perdre de leur liberté en entrant en relation et en rapport avec les autres nations.

De quelque côté que l'on se tourne, c'est donc toujours et partout la liberté qui doit être dominante, la liberté, qui ne peut être enfreinte que dans certains cas tout à fait extraordinaires et exceptionnels, et qui ne doit céder le pas à l'autorité que dans de très-peu nombreux cas prévus et parfaitement déterminés.

On conçoit que, quand une nation est gouvernée monarchiquement, le monarque, jaloux d'étendre ses droits et son importance, veuille commander à tout, avoir la haute main sur tout, l'initiative de tout, le pouvoir et l'autorité sur tout ce qui se passe dans le pays. C'est la raison d'être de la monarchie qui ne faillit pas à son rôle ; droits sur les citoyens, droits sur les communes, droits sur les départements, droits sur le gouvernement national. La monarchie absorbe tout dans un immense réseau d'une centralisation qu'elle ne croit jamais pousser trop loin. Mais ces défauts, ces vices du régime monarchique n'ont plus de raison d'être sous le régime républicain, et doivent disparaître, sinon tout d'un coup, du moins progressivement et en peu de temps. La décentralisation est un des premiers actes à accomplir sous le régime de la souveraineté du peuple substituée à la souveraineté monarchique.

La centralisation monarchique confère au monarque des droits qui ne devraient relever que des particuliers, des communes, des départements et de la nation. La décentralisation doit les remettre à qui de droit. Que, dans l'intérêt de l'unité nationale, le gouvernement de la nation veille à ce que ni les particuliers, ni les communes, ni les départements, ne compromettent pas l'intérêt général, que les départements ne laissent pas les communes toucher aux intérêts départementaux, que les communes ne se laissent pas absorber par des particuliers, rien de mieux ; mais que chacun de ces groupes ait l'entière et libre disposition de ce qui lui est particulier et ne rentre pas dans les attributions d'un ordre supérieur, c'est dans ce sens qu'il importe d'opérer la décentralisation.

En résumé, avec des hommes libres comme le sont tous les citoyens français, il n'est pas possible de penser à les tenir en tutelle, à les déclarer incapables et mineurs, aussitôt qu'il s'agit d'intérêts collectifs, quand ils sont reconnus capables et majeurs pour la gestion de leurs intérêts particuliers. Pourquoi donc les hommes du gouvernement seraient-ils plus capables et plus majeurs ? Il n'y a pas de raison à cela ; la loi, ou plutôt le principe d'égalité, s'y oppose. Il n'y a pas de gouvernement qui connaisse et sache mieux ce qu'il faut à une commune ou à un département que les habitants de cette commune et de ce département.

Laissez-les donc faire à leur guise, et ne vous en mêlez pas du tout. Tout ce que l'on peut accorder aux degrés supérieurs, c'est de refréner les écarts des degrés inférieurs, d'empêcher leurs empiètements injustes et de veiller, même avec le plus grand soin, à ce que leurs faits et gestes ne viennent pas gêner ceux des voisins ou de la généralité.

En conséquence, les communes, les départements doivent s'administrer par eux-mêmes, comme les particuliers, sans s'écarter de la loi générale. Ils doivent se pourvoir par eux-mêmes de leurs fonctionnaires locaux. Les communes doivent nommer leurs maires, leurs instituteurs, leurs gardes champêtres, et les départements, les fonctionnaires de l'administration départementale. Que le gouvernement central ait, auprès de ces groupes, des agents à lui pour veiller à l'intérêt général, qui ne doivent jamais froisser les administrations locales ; que la loi lui donne les moyens de refréner les écarts qui pourraient se commettre, nous n'y voyons aucun inconvénient ; mais que chacun se tienne dans son rôle et y soit maintenu par la force publique chargée d'empêcher les conflits. Ainsi s'opérera la décentralisation que, du reste, demandent tous les bons esprits.

CHAPITRE VII.

ÉLIMINATION.

C'est par élimination qu'il faut procéder et non par création nouvelle d'institutions. Il faut déblayer le terrain, épurer la situation, la désencombrer en éliminant tous les matériaux parasites, en écartant tout ce qui est suranné et entaché de contradiction avec les véritables principes.

Dans le passé, on s'évertuait à renforcer l'autorité ; on était allé jusqu'à constituer le pouvoir absolu, le gouvernement personnel. Le monarque était tout, dirigeait tout, commandait tout. Les sujets, réduits au rôle d'esclaves, ne pouvaient ni penser, ni agir, ni marcher même sans l'assentiment ou la volonté du maître. Le pouvoir mettait le nez partout, prescrivait, défendait, réglementait comme il l'entendait. Toute espèce d'initiative était interdite à tous les sujets. Le travail était réglementé, et chacun n'était pas libre de travailler à sa guise. Le commerce était réglementé : n'était pas commerçant qui voulait. Il fallait attendre la volonté du maître.

Peu à peu, et par la seule force des choses, les

sujets s'affranchissaient de quelque joug imposé par le pouvoir. Il le fallait bien, car autrement l'humanité menaçait de s'éteindre ; mais la marche progressive dans l'affranchissement était lente, et d'une lenteur disproportionnée avec les nécessités sociales, quand éclata la révolution de 89. A cette époque, l'affranchissement fut radical et complet, mais en principe et en théorie seulement. L'application des principes qui furent acclamés et décrétés, rencontra des difficultés pratiques qui retardèrent leur épanouissement et leur réalisation.

Il semblerait qu'éblouis par le mirage du progrès social, les citoyens ne le prennent pas au sérieux et le considèrent comme une chimère. C'est avec hésitation qu'ils entrent dans sa voie ; de telle sorte que, si l'on n'y met bon ordre, il faudra des siècles encore pour en arriver à la réalisation des principes de 89.

Ce n'est pas par des créations nouvelles que l'on parviendra à réaliser ces principes. Toute création nouvelle exige impérieusement une réglementation spéciale. Ce serait une réglementation opposée à nne autre, et précisément il s'agit de se passer de réglementation ; car tout ce que l'on peut créer n'est que système. Système opposé à un autre système, c'est-à-dire volonté, caprice, arbitraire dans un cas comme dans l'autre. Il n'y a qu'un moyen de sortir de ce cahos, c'est d'éliminer progressivement et successivement tout système qui se manifeste sous forme de loi ou de règlement, et, quand l'élimination sera complète, sans rien créer de spécial, on se trouvera en face de la plus saine comme de la plus vaste des créations humaines, c'est-à-dire, de la création de la liberté de tous régentée seulement par la loi morale qui prescrit à toute liberté de n'apporter aucune entrave à la liberté d'autrui.

Passons en revue quelques actes de la vie civile, en dehors de toute circonstance politique. Le premier besoin de l'homme est la locomotion. Tout citoyen qui veut perdre de vue son clocher pour aller visiter au loin quelque parent, ou régler quelque affaire plus ou moins importante, ne peut quitter son village sans avoir payé un impôt spécial et avoir obtenu des autorités une autorisation en règle, sous forme de passeport, qu'il lui faudra montrer à tout gendarme ou agent de police qu'il rencontrera sur sa route et qui lui en fera la demande. Supprimez le passeport, qui est un système, et ne le remplacez par aucune autre formalité, et la liberté de locomotion est fondée sans création nouvelle.

La pensée, la conscience, doivent nécessairement jouir de la plus grande liberté; mais l'une et l'autre sont entravées par une législation particulière et une règlementation que l'on peut dire à outrance. Peut-il être besoin de légiférer de nouveau et de composer de nouveaux règlements pour leur affranchissement ? Nullement. Que l'on élimine toutes les lois et tous les règlements qui régissent ces matières, et, par cela seul, on fondera la liberté de la pensée et la liberlé de conscience.

Le travail exige une liberté parfaite ; le commerce ne fait que languir s'il est enveloppé dans les langes de l'administration publique. Une grande partie de leur affranchissement a été opérée par l'élimination des lois et règlements existants avant 89 : lois sur les maîtrises, lois sur les jurandes, lois et règlements sur les opérations commerciales. L'œuvre d'affranchissement, si bien commencée en 89, et en grande partie opérée par le seul fait de l'annulation des lois qui les régentaient ; cette œuvre ne sera achevée et complétée que par l'annulation des lois et règlements que les gouvernements qui se sont succédés en France ont cru devoir leur conserver ou leur imposer quand même.

Inutile, ce nous semble, de rappeler une à une toutes les entraves qui existent encore aujourd'hui à la liberté du travail et à la liberté commerciale ; mais pourtant nous ne pouvons résister au besoin d'en signaler particulièrement une, en raison de son importance : elle a trait à l'association. Rien n'est moins susceptible de législation particulière et spéciale que l'association, et pourtant, il n'est pas de matière qui ait fourni prétexte à plus de lois et de règlements que les associations. Les Codes en sont remplis, et les jurisconsultes les plus instruits y perdent leur latin, tant ils s'embrouillent dans ce cahos législatif.

Sauf les cas de fraude et d'escroquerie, qui tombent toujours dans le domaine de la police judiciaire, qu'est-ce que le gouvernement peut avoir à faire dans les associations particulières? Évidemment cela ne le regarde pas; c'est affaire de contrats entre les intéressés qui, seuls, ont le droit et la liberté de régler leur transaction à leur guise. Et cependant le gouvernement s'est attribué le droit de maître absolu de toutes les associations, qu'il autorise ou n'autorise pas, suivant son bon plaisir. Nous disons : suivant son bon plaisir, car il est souverainement arbitraire, même dans la loi, de n'approuver que les associations des riches et de rejeter celles entre les travailleurs peu fortunés. Il faut absolument 500 fr. pour chaque associé, telle est la loi; les travailleurs qui n'ont pas cette somme, relativement considérable, ne peuvent s'associer avec personne.

Il est évident que par le seul fait de rayer du Code toutes les lois et ordonnances relatives à des formations de sociétés, c'est la création de la liberté d'association.

Beaucoup de gens s'ingénient à chercher des formules d'association pour en faire le type auquel on donnerait l'autorité de la loi, et qui serait par conséquent obligatoire pour tout et dans tous les cas. Rien de mieux que de chercher les meilleures formules d'association, mais à la condition indispensable qu'elles ne serviront pas de texte pour des actes législatifs quelconques, et que chaque citoyen aura la liberté complète de les prendre pour modèle ou de les rejeter si bon lui semble. Nous ne saurions trop répéter que c'est là matière à contrat exclusivement, et que ni le législateur, ni l'administration, ni le gouvernement n'ont à y intervenir sous aucun prétexte.

Toute la législation, et elle est nombreuse et compliquée, qui traite des sociétés, est à supprimer purement et simplement, si l'on veut sérieusement fonder la liberté d'association. On ne peut la fonder que par élimination.

Si maintenant nous passons de la vie civile à la vie politique, la démonstration de notre proposition sera bientôt complète. En effet, la science sociale démontre d'une manière irréfragable, en principe et en théorie, que la République est le gouvernement le plus juste, le plus raisonnable et offrant le plus de sécurité et de gages pour l'ordre social ; qu'elle est le droit des peuples et qu'elle doit seule être l'aspiration des citoyens ; mais, en fait et en pratique, entraves sur entraves sont journellement mises à sa réalisation.

Ce n'est certes pas par des créations nouvelles que l'on viendra à bout de faire disparaître ces entraves, c'est uniquement par voie d'élimination que la politique procède et qu'elle doit procéder si elle veut avoir quelque efficacité.

Nous disons que la politique procède par élimination, mais par l'effet d'une intuition inconsciente, et de la seule force des choses. Ce n'est pas par méthode et par principe scientifique que la politique procède, pas plus que l'ordre civil et l'ordre économique ; mais, pour l'observateur qui cherche à voir au fond des choses, il est de la dernière évidence que les véritables progrès dans l'ordre politique sont opérés par l'élimination que nous voudrions ériger en principe.

Quelques exemples vont nous éclairer. Depuis la grande Révolution de 93, quelle hécatombe de gouvernements renversés les uns après les autres par la nation française ! Monarchie de droit divin, monarchie constitutionnelle, césarisme, dictatures de toutes sortes, République autoritaire ou monarchique, etc., etc.; tous les dix ans au plus la France secoue un joug quelconque qu'on lui a imposé et qu'on s'obstine à lui mettre et remettre sur la tête. C'est donc par élimination que la France procède, et elle agira ainsi, quoi qu'on fasse, jusqu'à extirpation du dernier vestige de monarchie, sous quelque nom et sous quelque forme qu'on le cache.

Comme tous les citoyens ne peuvent pas manier l'instrument gouvernemental, il faut bien qu'ils le confient à des mandataires et à des représentants. Autrefois, il y avait loi sur loi pour l'exercice du droit électoral. Qu'a-t-on fait de toutes ces lois qui avaient pour effet de constituer des privilèges et des classes privilégiées ? Tout simplement on a abrogé toutes ces lois qu'on a remplacées par trois mots : « Tout citoyen majeur est électeur », éliminant ainsi tout ce qui faisait obstacle à l'égalité et à la liberté des citoyens.

Les factions monarchiques, éternelles ennemies de l'ordre social, ne manquent jamais, quand un progrès se réalise, au lieu de l'appuyer et de le seconder, de se mettre en travers et de lui faire obstacle et échec, ce qui explique ces retours vers l'ancien ordre de choses, et cette nécessité de recommencer les éliminations jusqu'à ce qu'elles produisent leurs effets d'une manière irrémissible. La raison finira toujours par avoir raison.

Donc éliminons sans relâche et sans cesse. Il n'y a que les esprits jésuitiques des réactionnaires qui jettent imperturbablement dans la discussion cette phrase stéréotypée : Vous voulez éliminer, mais que mettrez-vous à la place ? Ou bien encore celle-ci, qui a la même signification : Les républicains sont forts pour la destruction, mais ils sont impuissants pour construire. — A la première question : Que mettrez-vous à la place ? il y a une réponse aussi simple qu'elle est vraie : « Nous ne mettrons rien. » A la seconde nous dirons : « Nous ne construirons rien, parce que tout se trouvera construit de soi-même et par la seule force des choses. »

Avons-nous besoin de justifier ou plutôt d'expliquer ces deux réponses ? Qui donc ne comprend pas, par exemple, que si l'élimination de tout ce qui est entaché de monarchisme exige un esprit de destruction et des actes de la main de l'homme, la construction de la République se trouve opérée par elle-même et par le seul fait de l'exclusion de tout ce qui lui faisait obstacle. Les républicains n'ont donc rien à construire. Et c'est précisément par l'âpreté de quelques-uns d'entre eux à mettre en avant leurs propres créations, que l'avènement de la République a éprouvé tant de retards et tant de difficultés. Les républicains qui veulent créer autorisent, jusqu'à un certain point, les monarchistes à se targuer de leurs propres créations, qu'ils posent en concurrence avec celles des républicains.

Nous dirons même plus : c'est que toute création, même offerte par des républicains, est plus ou moins entachée de monarchisme. Et, à cet égard, nous rappelons les vrais principes au sujet de la république. La république n'est le gouvernement de personne, puisqu'elle est le gouvernement de tous, par tous et pour tous. Elle n'est le parti de personne, parce qu'elle est le parti de tous. Son rôle consiste donc principalement à ne faire acception ni exception d'aucun parti, et, dès lors, à les éliminer tous. Donc, répéterons-nous, éliminons sans fin, sans cesse et sans relâche.

Nous avons, en France, la plus considérable collection de lois de tous les peuples connus, anciens ou modernes. C'est un dédale où les plus savants jurisconsultes perdent leur latin. Personne n'est censé ignorer la loi ; et l'on peut affirmer cependant que personne, sans exception, ne connaît toutes les lois. La magistrature elle-même ne peut pas s'empêcher d'en ignorer un très-grand nombre qu'il faut lui rappeler pour qu'elle en fasse l'application.

Eh bien ! croit-on que ce serait rendre un grand service aux citoyens que de faire de nouvelles lois sur tous les sujets surannés, tombés en désuétude ou en contradiction avec les institutions et les aspirations modernes. Entasser lois sur lois serait aggraver le mal et augmenter les inconvénients. Il serait bien plus avantageux, ce nous semble, au lieu de bâtir de nouvelles lois, de détruire le plus grand nombre de celles existantes en les abrogeant nommément et en indiquant le motif de leur abrogation. Ce qui nous ramène à notre proposition, que c'est plutôt par élimination que par création que doit opérer la république.

Le commerce languit et est en très-grande souffrance. Quelqu'un pourrait-il dire qu'on le remettrait sur pied en émettant des lois, des décrets, des règlements nouveaux ; le commerce est, au contraire, étouffé, paralysé par une réglementation excessive, indépendamment des droits fiscaux qui le rongent ; par conséquent, au lieu de chercher à le régenter par des procédés nouveaux, il faut l'affranchir de tous les liens anciens, de tous les obstacles qui nuisent à son développement régulier. Donc, encore là, l'élimination serait un remède bien plus topique que des créations nouvelles.

L'industrie est à peu près dans le même cas que le commerce : éliminez donc et affranchissez le plus possible, sans chercher à fonder des créations nouvelles qui, si elles étaient bonnes, seraient depuis longtemps appliquées par l'initiative des fabricants et des ouvriers.

En toutes choses, il en est ainsi. Donc, partout il faut recourir à l'élimination. Mais, insiste-t-on, qu'y mettrez-vous à la place ? Nous n'y mettrons rien du tout ; mais comme nous aurons fondé la liberté, nous nous en remettrons à la liberté pour inventer et opérer toutes les créations susceptibles de produire des effets avantageux. Au lieu donc de reprocher aux républicains de ne savoir rien fonder, il faut, au contraire, les en féliciter et les en remercier. S'ils se mettaient à construire, au lieu de détruire, ils ne feraient qu'augmenter le gâchis où nous pataugeons. Éliminons ! Éliminons !

En politique, comment, de tout temps, a-t-on procédé ? Toujours par élimination. Les peuples ont commencé par être esclaves ; ils se sont affranchis en partie en éliminant l'esclavage. Ils ont ensuite été soumis au régime du vasselage, qui était un progrès par rapport à l'esclavage, mais n'était qu'un commencement d'affranchissement qu'ils ont complété par l'élimination du vasselage. Ils sont alors devenus hommes libres et, sans rien créer, ils ont fondé pourtant la liberté de l'homme et du citoyen.

Les royautés ont, presque partout, été absolues dans le principe. Le rois commandaient tout, ordonnaient tout, et les sujets n'avaient aucune espèce d'initiative. Mais, peu à peu, les sujets ont arraché à leurs maîtres quelques suppressions dans la rigueur des ordres qu'ils étaient astreints à exécuter. Puis, successivement, ils ont fait supprimer quelques obstacles à leur affranchissement, et, enfin, ils sont venus à bout par eux-mêmes de supprimer la royauté, toujours sans rien mettre à la place, sans rien créer ni bâtir, et par la seule force des choses et de la logique. Ils ont pourtant fondé la république, du moins en principe, en attendant qu'ils soient à même de l'installer dans les faits. En outre, ils ont fait surgir la démocratie, qui s'est trouvée fondée par les deux seuls éléments, liberté et égalité, qu'elle comporte, qu'il ne s'agit plus que de faire dominer davantage dans tous les actes de la vie politique comme de la vie civile et économique.

CHAPITRE VIII.

PROPOSITION.

C'est bien la démocratie qui est l'idéal politique de la France. Gouvernants et gouvernés sont unanimes sur ce point, en principe. Quand on est d'accord sur le principe, il faut se mettre d'accord sur son application et sa réalisation. La ligne de conduite à tenir est toute indiquée par la logique et le simple bon sens. Tous les actes doivent converger vers le principe posé et se trouver en parfaite harmonie avec lui. Tout acte qui est en contradiction ou en désaccord avec le principe doit être condamné et rejeté impitoyablement.

Le principe de la démocratie réside tout entier dans les trois mots fatidiques qui en résument le programme : liberté, égalité, fraternité. Pour faire passer ce principe de la théorie à la pratique, il faut nécessairement que toutes les lois, toutes les mesures gouvernementales ou économiques soient pures de toutes souillures et de toute violation des principes, liberté et égalité. Toute loi qui est évidemment en contradiction avec eux est nécessairement une entrave et un empêchement à la réalisation du principe démocratie. C'est le désordre social, c'est un retour aux abus et aux fautes du passé ; tandis qu'on doit se proposer la régularisation de l'avenir et surtout l'établissement de l'ordre social.

Toutes les lois, sans exception, qui régissent la France, doivent être passées en revue. Dans le nombre, il s'en trouvera beaucoup qui s'écartent des principes ; liberté, égalité du citoyen. Il faut les purger de ce vice qui contribue à ronger le corps social, les épurer, les rectifier en un mot, le mettre en harmonie avec le principe constitutionnel de la démocratie. L'opération pourra être de longue durée, mais elle importe essentiellement ; il faut donc l'entreprendre sans retard. Il faudra peu de temps pour rectifier les lois les plus importantes, et, successivement, elles y passeront toutes.

Il conviendrait, dès lors, pour atteindre le but proposé, de nommer une commission permanente, spécialement chargée de passer toutes les lois en revue et de signaler toutes violations des principes : liberté et égalité, qu'elles peuvent contenir. Puis, d'en faire un rapport pour être transmis au gouvernement ou à la puissance législative qui aura à voter les rectifications nécessaires ou la suppression des dispositions reconnues en contradiction avec le principe.

Pour faciliter et simplifier le travail de la commission, tous les citoyens de la nation seraient invités à signaler les dispositions légales qu'ils considéreraient se trouver en contradiction avec les principes posés, à motiver leur opinion et en un mot à faire, chacun de leur côté, le même travail que la commission. Par ce moyen, chaque jour, il pourrait être fourni par la commission à laquelle toutes les réclamations individuelles seraient adressées, un nombre considérable de rapports et, par conséquent, expédier beaucoup d'affaires, à tel point que l'épuration législative ne tarderait pas autant qu'on pourrait le croire à être complètement opérée.

Il n'est pas besoin, ce nous semble, d'entrer ici dans aucun détail. Personne ne doute qu'il n'y ait dans notre législation des dispositions qui consacrent des privilèges, des monopoles, qui portent atteinte à la liberté des citoyens, qui régularisent des inégalités choquantes en accordant aux uns des droits qu'elles refusent aux autres. Ces dispositions sont évidemment en désaccord avec le principe démocratique. Aussi les effets en sont-ils désastreux et compromettants pour l'ordre social. Le niveau de la loi doit tout rectifier et faire disparaître ces asperités choquantes et produisant le désordre et des perturbations qui n'ont le plus souvent pas d'autres causes.

Le critérium des épurateurs est bien simple. Toute disposition législative qui consacre une inégalité ou une entrave à la liberté des citoyens ou de quelques citoyens doit être impitoyablement rapportée. Le fait est facile à constater.

Sans fournir des exemples qui se produiront en foule devant la commission spéciale instituée à cet effet, nous faisons la proposition urgente : qu'il soit nommé sans retard une commission de 20 membres qui sera installée en permanence jusqu'à la fin de son œuvre, et qui aura pour mission de constater toutes les violations des principes, liberté et égalité, que peuvent contenir toutes nos lois, d'en dresser rapports, et d'adresser chaque jour ses rapports au pouvoir législatif qui statuera dans la huitaine de la remise du rapport.

La même commission sera, en outre, chargée de proposer la radiation des lois tombées en désuétude qui encombrent le *Bulletin des Lois* et embrouillent les citoyens dans leur dédale inextricable.

En même temps, tous les citoyens sont invités à se livrer, chacun de leurs côtés, à l'étude de la législation, dans le but du redressement proposé, et à signaler toutes les violations de principe que peut contenir toute ladite législation, pour adresser leurs observations et leurs travaux à la commission ci-dessus, qui en fera rapport à la Chambre des députés.

De quelque manière que nous envisagions les choses, soit que nous les prenions du point de vue général, soit que nous les étudiions par le détail, par spécialité et particulièrement, nous arrivons à peu près toujours au même résultat. Nous constatons que les principes de 89 contiennent le germe de la solution de toutes les questions : politiques, économiques ou sociales, qui agitent la société. Nous constatons que ce qui donne naissance à toutes ces questions, c'est l'écart plus ou moins prononcé qui existe entre les principes et les faits ou la pratique des choses. Nous constatons que plus on applique ces principes aux institutions, plus on développe le progrès tant moral que physique, et plus l'ordre s'établit dans la société.

Nous en tirons tout naturellement la conséquence, qu'il est imposé à la société le devoir de se livrer à une œuvre indispensable, et pour ainsi dire préalable à toute autre, et consistant à mettre les faits et la pratique de toutes choses sociales en harmonie avec les principes de 89 : liberté et égalité.

Les hommes ne se séparent pas des institutions ; si les institutions contiennent des privilèges, des monopoles, des faveurs, des castes, des classes différentes de citoyens, elles enfantent fatalement des privilégiés, des monopoleurs, des favorisés, des différences chez les citoyens, des classes hautes et basses, des castes ayant la suprématie sur les autres. C'est donc aux institutions qu'il faut s'en prendre, et si l'on veut que les anachronismes disparaissent dans le fait, il faut commencer par les rayer de la législation et des institutions. La constitution sociale dit que tous les citoyens sont libres et égaux, mais la législation et les institutions créent des privilégiés : c'est une anomalie, c'est une cause de désordre social. Il faut absolument rétablir l'harmonie entre la législation et la constitution, entre les principes et les faits.

En conséquence, et pour atteindre ce but, il y a lieu, ce nous semble, de former une commission spéciale chargée de passer toutes les lois en revue et de signaler toutes les violations des principes : liberté et égalité, qu'elles peuvent contenir.

TABLE

DES MATIÈRES

Poitiers. — Imprimerie de Marcireau & Cie

ERRATA

Page 25, ligne 13, lire liberté *de* tous, au lieu de *entre* tous.

Page 63, ligne 7, lire *mandant* au lieu de *mandat*.

Page 67, ligne 8, retrancher *sa*.

Page 102, ligne 16, lire *les* au lieu de *le*.

Page 132, ligne 23, lire *quel* et *quelle*, au lieu de *qu'elle*, et *qu'elle*.

Page 140, ligne 11, lire *les mettre*, au lieu de *le mettre*.

Page 144, ligne 9, lire *expédié*, au lieu *d'expédier*.

www.ingramcontent.com/pod-product-compliance
Ingram Content Group UK Ltd.
Pitfield, Milton Keynes, MK11 3LW, UK
UKHW012222240726
13966UKWH00003B/911